역동적인
장르

역동적인 장르
나만의 장르 사용 설명서

초판 1쇄 발행   2025년 10월 18일

지은이 | 최홍원·강효경·장지혜·조진수

펴낸이 | 김연우
펴낸곳 | (주)태학사
등   록 | 제406-2020-000008호
주   소 | 경기도 파주시 광인사길 217
전   화 | 031-955-7580
전   송 | 031-955-0910
전자우편 | thspub@daum.net
홈페이지 | www.thaehaksa.com

편   집 | 조윤형 여미숙 김태훈
마케팅 | 김민선
경영지원 | 김영지

ⓒ 최홍원·강효경·장지혜·조진수, 2025. Printed in Korea.

이 책에 직간접적으로 게재를 허락해 주신 모든 분께 감사드립니다.
저작권자와 연락이 닿지 않아 부득이 허가를 구하지 못한 일부 자료에 대해서는
연락 주시는 대로 적법한 절차를 따르겠습니다.

값 11,000원

ISBN 979-11-6810-380-1 (04710)
       979-11-6810-387-0 (세트)

책임편집 | 조윤형
디자인 | 지소영

'개념' 있는 국어 생활 1

역동적인
장르

나만의
장르 사용 설명서

최홍원·강효경·장지혜·조진수 지음

태학사

'개념 있는 국어 생활' 기획의 말

학회의 성장은 학문의 성장을 동반하게 마련입니다. 최초·최고·최대의 학술 단체인 한국어교육학회가 창립 70주년을 맞는 이 시점에서, 우리는 그 성장의 결실을 가시적으로 확인할 필요가 있다는 데 뜻을 같이했습니다. 이에 국어 교육학계를 이끌어 갈 차세대 국어 교육학자들과 국어 교육의 현장을 선도하는 교사들을 중심으로 학문적 성과를 결산해 보기로 했습니다. 다만 빛나는 연구 성과를 정리하는 수준이 아니라 '그 성과가 교실에서 이용利用될 수 있도록 해야 한다', 그리고 '교실 안에만 머물러 있는 것이 아니라 교문 밖 모든 삶의 현장에서 언어 사용자인 시민들의 후생厚生에도 기여해야 마땅하다'고 생각했습니다.

그리하여 학회에서는 국어과 교육 과정사에서 가장 중요한 항존恒存 개념 20개를 선별했고, 젊은 연구자와 교사들에게

임무를 부여하여 손에 쏙 들어오는 20권의 책을 학회 창립 70주년이 되는 올해부터 출간하기 시작하여 내년까지 완간하기로 했습니다. 필진이 젊다는 것은 시각이 신선하다는 뜻으로, 책의 분량이 적다는 것은 정보의 응집도가 높다는 뜻으로 이해해 주기를 바랍니다.

한국어교육학회의 위상에 걸맞게 빛나는 결실을 맺어 주신 필자 여러분은 국어 교육학계의 믿음직한 미래임을 증명해 주셨습니다. 이 시리즈가 원활히 출간되도록 필자와 출판사 사이의 중간 다리 역할을 맡아 노심초사 알뜰히 챙겨 준 양수연 박사님의 노고도 잊을 수 없습니다. 이 시리즈의 간행을 흔쾌히 맡아 주신 태학사 김연우 대표님, 심혈을 기울여 책을 만들어 주신 조윤형 주간님에게도 감사의 마음을 전합니다.

부디 이 책들이 예비 교사들에게는 개념들의 윤곽을 보여 주고, 현장 교사들에게는 교수 학습과 평가의 설계에 영감을 주며, 일반 시민들에게는 품격 있는 언어 생활의 지침서가 되기를 바랍니다.

한국어교육학회 창립 70주년 기념
'개념 있는 국어 생활' 간행위원회 위원장 주세형
한국어교육학회 제38대 회장 류수열

머리말

 '장르', 국어 시간에 배웠던 내용이긴 하지만, 장르를 아는 게 무슨 효용이 있을까?

 우리는 장르가 오늘날 어떠한 의미를 지니는지 고민했고, 그것이 갖는 가치와 효용에 대해 끊임없이 되물었다. 그리고 이제 그에 대한 작은 해답을 이 책에 담아낸다.

 우리 모두는 장르를 국어 시간에 문학 작품을 가르고 나누는 기준으로 처음 배웠다. 서정, 서사, 극, 교술敎述과 같이 낯설고 어려운 말들이었고, 향가, 경기체가, 시조, 가사처럼 앎보다는 외워야 할 내용이었다. 이러한 불편했던 만남의 기억이 남아 있기에, 장르를 아는 것이 살아가는 데 중요하고 필요하다는 생각은 마땅히 그러해야 한다는 이상이고 당위일 뿐, 그 답을 찾기가 쉽지 않았다.

 그러나 '역동적인 장르'라는 제목이 나타내듯, 장르는 우리가 알고 있는 이상의 것이었다. 장르는 문학 작품의 분류 기준에서 출발한 학술 용어이지만, 우리의 언어생활에서 장르가 아닌 것이 없었다. 이미 일상의 삶 속에 깊숙이 들어와 있고, 그래서 매일 만나고 있다. 지금 눈앞에 보이는 모든 언어 표현 속에 장르가 자리 잡고 있다. 짧은 광고 문구나 SNS 속에도, 심지어 약 봉투의 복약 안내 및 주의 사항 속에도 장르는 들어 있고, 작동하고 있다.

장르는 삶의 형식이자 사회적 행위의 틀이다. 반복되는 상황에서 취해야 할 사회적 행위 방식들이 유형화되어 관습으로 자리 잡은 것, 이것이 바로 장르이다. 이러한 생각에서 '언어', '사회', '작품'의 국면에서 장르가 어떻게 만나는지를 찾아 장르가 작동하는 방식을 살폈다. 비록 설명을 위해 언어, 사회, 작품으로 나누기는 했으나, 장르는 이들을 넘나들면서 우리 삶과 긴밀하게 연결된다는 점은 분명하다.

우리의 언어생활은 항상 특정한 기대와 예측 속에서 이루어진다. 그렇기 때문에 장르를 안다는 것은 언제, 어디서, 왜, 어떻게 행동해야 하는가를 아는 것과 다를 바 없다. 감히 말하건대, 장르를 알면 언어생활을 잘할 수 있을 뿐만 아니라, 보이는 것도, 경험하는 것도 모두 달라질 수 있다. 그렇다면 장르를 잘 '아는' 것으로 충분할까? 삶의 형식이며 사회적 행위의 틀이라는 말은 장르가 이해의 대상이면서, 한편으로 우리 삶에 깊숙이 들어와 끊임없이 개입하고 관여하는 무시무시한 힘을 지닌 대상임을 짐작게 한다. 아는 데 그쳐서는 안 되고, 제대로 사용할 수 있어야 한다.

그래서 이 책은 장르를 설명하는 데 머무르지 않고, 특별히 '장르 사용 시 유의 사항'을 밝혔다. '나만의 장르 사용 설명서'라는 특별한 부제 또한 이러한 고민에서 붙인 것이다. 우리의 삶 속에서 부려 써야 하는 것임을 드러내려는 생각에서이다. 학문의 유곡幽谷에서 일상의 삶으로, 설명의 용어에서 사용의 도구로 장르를 옮기고자 했다.

머리말에서 꼭 밝혀야 할 것은, 이 책이 우리의 개인적인 관심사에서 비롯된 것이 아니라, 한국어교육학회의 특별한 기획에 힘입어 만들어질 수 있었다는 점이다. 한국어교육학회 창립 70주년을 기념하는 뜻깊은 자리에 힘을 보태고 더할 수 있게 된 점을 기쁘게 생각한다. 특히 류수열 전임 회장님과 주세형 교수님의 남다른 안목과 문제의식, 그리고 국어교육에 대한 열정이 있었기에 이 책을 세상에 내보낼 수 있었다. 그리고 여러 선생님들로부터 장르에 대한 여러 고민과 해법을 전해 듣고 배웠음을 밝힌다. 이 책의 텃밭을 일구어 주신 모든 분들께 감사의 말씀을 전한다.

부디 이 책이 언어에 대한 관심과 이해를 더하게 되기를, 그래서 언어생활이 더 나아지기를 희망한다.

2025년 10월

저자 일동

차례

'개념 있는 국어 생활' 기획의 말 • 주세형 · 류수열   4
머리말   6

Class 1. 사용하기 전에
장르를 아는 것이 왜 중요할까?

우리가 장르에 주목하는 이유   16

상황에 맞는 성공적인 의사소통의 시작   22
    새로 지원한 회사의 인사팀에서 "ㅎㅇㅌ"이라는 문자가 온다면?   23
    영화를 보기 전에 우리가 가장 먼저 하는 일은?   28
    같은 표현이 서로 다른 의미로 읽히는 이유는?   31

장르를 한마디로 정의한다면?   37
    김동환의 「국경의 밤」은 시인가?   38
    장르도 발전할까?   42

Class 2. 장르의 작동 방식
장르는 우리의 삶과 어떻게 연결될까?

언어는 장르와 어떻게 만나는가
장르에 따라 문법적 선택도 달라질까?   48
  축구 중계에서 짧고 간단한 문장을 쓰는 이유   49
  보드게임 설명서의 문장은 특별하다   52
  신문 기사에 큰따옴표를 쓰지 않는다면?   57

사회는 장르와 어떻게 만나는가
장르를 잘 '한다'는 것은 무엇일까?   60
  우리가 장르를 '한다'는 것은?   61
  장르는 사회적 연쇄 반응이다   64
  장르를 잘 '하는' 법   68

작품은 장르와 어떻게 만나는가
장르를 알면 재미와 감동이 달라질까? 73
   장르, 작품을 만나는 통로 74
   「봉산탈춤」이 있어야 할 곳은 어디일까? 77
   「제망매가」에도 장르가 숨어 있다 83
   시공을 초월한 장르의 힘 -「제망매가」를 리메이크한 「님의 침묵」 89

Class 3. 장르 사용 시 유의 사항
나도 장르 '사용자'가 될 수 있을까?

언어 선택에 따라 장르적 느낌도 달라진다? 94
   주관성과 객관성, 구어성과 문어성 사이 95
   장르와 언어의 관계 102

급변하는 시대, 장르는 어떤 모습일까?   105
  이것도 시가 될 수 있을까?   106
  장르에 대한 도전과 진화하는 장르   113

좋은 '장르 사용자'가 되는 법   117
  장르 넘어서기   118
  장르 사용의 주체 되기   124

주註   128
참고 문헌   132

Class 1.

사용하기 전에

장르를 아는 것이
왜 중요할까?

우리가 장르에 주목하는 이유

'피구왕'으로 불리는 피구 선수가 있다. 코트 안에서 수비를 할 때는 날아오는 공을 날쌔게 피하는 솜씨가 일품이고, 일단 공을 잡으면 상대편 선수의 몸을 향해 백발백중의 확률로 공을 던져 아웃시키기 때문에 그가 속한 팀은 언제나 대회에서 우승을 거머쥔다. 그런 그가 어느 날 야구 경기에 참가했다. 그는 원래 하던 대로, 수비를 하면서는 외야에서든 내야에서든 가리지 않고 최선을 다해 공을 피했고, 투수가 되어서는 타자의 몸만 노려 공을 던졌다. 결과는 어떻게 되었을까?

피구에서 야구로 종목만 바뀌었을 뿐인데 그의 행위가 갖는 의미가 달라진 것은, 피구에는 피구만의 규칙과 전략이,

야구에는 야구만의 규칙과 전략이 있기 때문이다. 야구뿐만 아니라 농구, 축구, 탁구, 배구, 족구를 하러 가서도 피구를 하던 방식대로 경기를 한다면 아무도 그와는 함께 운동을 하고 싶어 하지 않을 것이다.

장르도 이와 같다. 장르란 **삶의 형식***이자 사회적 행위의 틀이다. 장르를 안다는 것은 우리가 언제, 어디서, 왜, 어떻게 행동해야 하는가를 아는 것과 같다. 다음에 제시된 수필 한 편을 감상하고 평가해 보자.

> 고려 말 조선 초 충남 예산군 대흥면의 의좋은 형제(이성만, 이순) 이야기를 주제로 하는 예산의 지역 축제로 가을에 개최된다. 의좋은 형제의 효와 우애 정신을 중심으로 가족 사랑의 의미를 부각하고 있다는 점에서 타 축제와 차별점을 갖는다. 가족 소통, 시골, 자연을 테마로 하는 소박하지만 내실 있는 지역 축제로 올해 축제의 주제는 '볏짚 놀이터'이다. '볏짚 미로, 우리 볏단이 달라졌어요, 볏짚 밀어, 볏짚 미끄럼틀' 등의 행사가 마련되어 있다.[1]

'어? 이게 무슨 수필이야? 되게 못 썼네!' 하는 생각이 들었다면 그것은, 우리가 수필이라는 장르는 정서 표현의 진솔

성이나 필자의 독창성과 개성, 삶에 대한 성찰의 깊이가 담보되어야 좋은 글이 될 수 있다는 인식을 공유하고 있기 때문이다. 다시 말해 수필이라는 장르의 관습이 우리에게 특정한 기대와 예측을 불러일으키고, 필자와 독자 모두에게 특정한 행위를 하도록 유도하는 것이다.

> ★ 삶의 형식
>
> 공동체 구성원들 간 상호 소통을 가능케 하는 토대로서의 믿음이나 판단, 행위의 체계. 글이나 말, 음악이나 미술 등 인간의 사회적 행위 양식들은 어느 시대에나 그 내용을 일정하게 질서화하고, 그 질서 속에서 의미의 소통이 가능하도록 존재해 왔다. 이러한 체계나 질서는 우리가 명시적으로 인식하고 있지 않더라도, 우리 삶의 모든 부분에서 우리의 지각과 해석, 선택에 영향을 준다.

그런데, 사실 이 예시문은 수필이 아니라 한국관광공사에서 작성한 예산 '의좋은 형제 축제'의 안내 글이다. 이 글의 원래 장르를 알고 다시 읽어 보자. 평가가 달라지는가? "'안내 글'이라는 장르에 충실하게 내용 차원에서는 어느 지역에서, 어느 시기에 개최되는지, 다른 축제와의 차별점은 무엇인지, 또 어떤 행사들이 마련되어 있는지 등의 정보가 적절하게 제시되어 있군. 표현 차원에서는 객관적이고 명료하게 잘 서술되어 있는 괜찮은 글이야."와 같이 앞에서와는 평가가 달라졌다면, 장르가 우리로 하여금 그러한 지각과 해석을 구성하도록 이끈 것이다.

이와 같이 우리가 읽고 쓰는 행위를 할 때에는 장르의 목적과 문법을 아는 것이 핵심이다. 운동의 규칙을 익혀야 운동을 즐길 수 있는 것과 같은 이치다.

이번에는 진짜 수필 한 편을 읽어 보자.

> (…) '의좋은 형제 축제'라는 문구를 처음 보았을 때의 당혹감이란. 의좋은 형제? 밤마다 쌀가마니를 서로의 집에 몰래 옮기다가 달빛 아래 딱 마주쳤다는 그 동화 속 형제? 근데 이걸로 축제를, 그것도 사흘씩이나 한다고? '의좋은 형제'와 '축제'라는 이 터무니없는 조합(누군가에게는 '의좋은'과 '형제'의 조합부터가 터무니없겠지만) 앞에서 우리는 웃지 않을 수 없었고, 가지 않을 수 없었다. 어느 순간부터 집에서 쌀 봉지만 봐도 피식거리며 축제에 관해 이야기하는 우리를 발견했기 때문이다. (…)
> 본격적으로 시작된 마술 타임, 아이들의 주의를 살짝 비튼 영리한 마술사는 능숙한 연기와 세련된 매너로 아이들을 쥐락펴락하는 데 성공했다. (…)
> 그래, 사실은 알고 있었다. 때로는 어설프고, 때로는 키치하고, 때로는 우스꽝스러워 보이는 이 혼잡한 열정 속에 숨어 있는 어떤 마음 같은 것을 우리는 결코 놓을 수 없다는 것을. 이제는 그마저도 낡고 촌스러워진 '진정성'이

라는 한 단어로 일축해 버리기에는 어떤 진심들이 우리 마음을 계속 건드린다는 것을.[2]

이 글은 축제의 주된 주제나 축제의 역사, 주요 행사, 행사장의 특성 등을 소개하는 대신 그 안에 있는 사람들에게 주목하고, 몇 안 되는 어린 관객들에게 풍선 인형을 만들어 주는 마술사의 열정에서 '진정성'보다 더 큰 진심을 느꼈던 자신의 마음을 표현하는 데 집중한다. 수필이라는 장르에 대해 알고 있는 독자들은 이 글을 읽으며 "왜 의좋은 형제와 아무런 관련이 없는 마술 쇼 얘기를 하는 거야?"라고 비판하는 대신, 사소한 자리에서 최선을 다해 자신만의 빛을 발하는 사람들의 아름다움에 대해 성찰할 기회를 갖게 된다.

이와 같이 장르의 관습을 익힌 다음에야 비로소, 우리는 말과 글을 이해하고, 표현하고, 평가하고, 또 즐길 수 있다.

상황에 맞는 성공적인 의사소통의 시작

새로 지원한 회사의 인사팀에서 "ㅎㅇㅌ"이라는 문자가 온다면?

 성공적인 의사소통을 위해서는 자신이 속한 언어 공동체가 특정한 상황에서 어떻게 언어를 운용해 나가고 있는지에 대한 이해가 필요하다. **언어 공동체***란, 동일한 언어를 사용하여 생활하는 사회 집단이라는 의미를 넘어서서, 특정한 언어 사용 방식을 공유하고 있는 공동체이기 때문이다.

 한 가지 상황을 가정해 보자. 새로 지원한 회사의 인사팀에서 원서 접수 및 제출을 공지하는 문자 메시지의 말미에 "ㅎㅇㅌ"('파이팅'이라는 격려를 자음자로만 구현한 것)이라며 여러분을 격려한다면, 어떨까? 이는 실제로 몇 년 전, 한 대기업 신입 사원 공개 채용 과정에서 있었던 일이다.

> ○○ 기업 원서 접수는 31일 18시에 마감되구요~ 제출 후에도 언제든지 수정 가능! ㅎㅇㅌ :)

> ○○ 기업 인사팀장 △△△입니다. 저희 채용 담당자가 지원자분들에게 친근하게 다가가기 위해 문자를 보내 드렸는데, 일부 오해가 있을 수 있는 표현을 사용하여 불편하게 해 드린 점 사과드립니다.

○○ 기업 인사팀 채용 안내 문자 메시지 논란
한 기업이 채용 안내 문자 메시지에 친근한 사이에서 쓰기도 하는 비공식적인 표현을 사용하여 지원자들로부터 오해를 받은 일이 있었다.

> ★ **언어 공동체**
> 동일한 언어를 사용하여 사회적 상호 작용을 하는 집단을 일컫는다. 의사소통을 한다는 것은 단순히 그 언어가 지닌 형태·통사적인 문법이나 어휘의 의미를 정확하게 이해하고 적용하는 것 이상의 일이다. 이에 따라 국어 교육뿐만 아니라 외국어 교육에서도 문법이나 어휘 중심이 아닌, 목표 언어 공동체가 특정한 사회·문화적 맥락 안에서 지니는 언어적 규범 및 가치, 태도 등을 이해하고 이를 바탕으로 언어를 사용할 수 있도록 하는 교육을 강조하고 있다.

해당 문자 메시지를 발송한 인사팀 담당자는 아마도 열심히 준비하여 지원한 젊은이들을 그들의 언어로 격려하고 응원하며 긴장을 풀어 주고 싶은 마음이었을 것이다. 하지만 담당자의 의도와는 다르게 결국 몇 시간 후, 공식적인 사과 문자 메시지가 발송되는 촌극으로 끝나 버리게 되었다. 이러한 경우를 보건대, 의도와 마음은 상황에 맞는 언어로 잘 전달되어야 한다. 그렇다면 '상황에 맞는 언어'라는 것은 도대체 무엇일까?

우리의 삶은 무척 다양한 상황들로 구성된다. 매일의 삶 속에서 일어나는 다양한 상황들을 우리가 모두 미리 연습하여 그 상황에 맞는 언어를 구사하기란 불가능하다. "이번 생은 처음이라…."라는 유행어가 공연히 생긴 것이 아니다.

하지만 그나마 다행인 것은, 우리 삶의 많은 상황들은 유사한 상황들이 반복되는 형태를 띠기도 한다는 것이다. 그리고 그러한 유사한 상황에서 공동체 구성원들의 언어적 반응 또한 유사하게 실행된다. 우리는 이것을 '장르'라고 한다. 반복되는 유사한 상황 속에서 언어 공동체의 언어적 반응 또한 유사하게 나타나고, 그래서 사람들은 특정한 상황에서 어떠한 언어적 반응이 나타날 것이라고 기대하게 되는 것이다.

다시 앞의 상황으로 돌아가 보자. '기업의 인사팀에서 공식적인 공지 사항을 전달하기'라는 상황 맥락이 있고, 사람들은 이러한 상황에 기대하는 언어 양식이 있다. 위의 일화 속 문자 메시지가 목적 달성에 적절한 또는 효과적인 것이었는지를 판단하기 위해서는 단순히 유행어나 표기 규범에 어긋난 구어체 사용의 문제로 접근하는 것으로는 충분하지 않다.

기업의 공식적인 공지 사항 전달이라는 상황 맥락 속에서 한국어 공동체가 유사하게 반복하고 있는, 그래서 언어 공동체에서 기대하고 있는 언어 양식이 무엇인가, 그리고 왜 그러한 양식을 사용하고 기대하게 되었는가에 대한 문제를 이해해야 한다.

물론 전달 매체가 주로 사적이고 비공식적인 개인의 의사소통에서 사용되는 문자 메시지라는 점을 고려하여, 좀 더 친숙하고 개인적인 언어로 메시지를 구성해 볼 수도 있을 것이다. 하지만 기본적으로 공동체가 기대하는 언어 양식을 바탕으로 어떻게 읽힐 것인가, 즉 나의 메시지가 어떠한 의미를 구성하게 될 것인가를 충분히 고민해 보아야 한다.

"감상문이 아닌 보고서를 작성하시오."

대학교 문학 수업 과제물을 제출했을 때 위와 같은 말을 들었다면, 그것은 무엇을 의미할까? 교수님이 원하는 것은 보고서인데 감상문을 제출했으니 '보고서다운 보고서를 제출하라'는 의미일 것이다. 대학교 전공 수업에서 '보고서'라는 **학술적 글쓰기**가 지닌 언어 양식의 전형성이 존재하는데, 이를 분명하게 이해하지 못한 채 보고서를 작성했다는 것이다.

그렇다면 보고서는 무엇이고 감상문은 무엇인가. 학생들이 이러한 글쓰기 양식을 이해하고 수업에서 원하는 과제를 작성할 수 있도록 거의 모든 대학교에서는 학술적 글쓰기와 관련한 교양 과목들이 개설되어 있다. 학술적 글쓰기의 장르에 대한 이해를 기반으로 학문 공동체에서 글로 소통하는 방식을 배우는 것이다.

  이는 비단 대학에만 해당하는 것은 아니다. 초·중·고등학교 국어 수업에서 우리는 장르에 대한 이해를 바탕으로 시, 소설, 수필, 논설문, 설명문 등 각각의 장르 안에서 언어를 이해하고 표현하는 방식들을 배운다. 언어로 의사소통하기 위해서는 내가 소통하고 있는 장르가 무엇인가, 그리고 그 안에서의 언어 사용 방식은 어떠한가를 이해하는 것부터 시작해야 한다.

66 영화를 보기 전에 우리가 가장 먼저 하는 일은?

___

　장르에 따라 기대되는 언어 양식이 있다는 것은 이해의 국면에서도 매우 중요한 문제이다. 시詩를 읽을 때에는 시적 화자話者가 노래하는 정서가 무엇인지, 시의 언어가 어떠한 심상과 운율을 만들어 내고 있는지 등에 주목하며 작품을 감상한다. 소설을 읽을 때에는 등장인물과 배경은 어떠하며, 사건이 어떻게 진행되는지를 중심으로 작품을 읽어 나간다. 즉, 장르가 무엇인가에 대한 이해 아래, 해당 텍스트가 어떠한 방식으로 의미를 구성해 나갈 것인지를 미리 예측하고, 이러한 예측과 기대를 바탕으로 그 텍스트를 읽게 된다.
　영화관에 가서 어떤 영화를 볼지 결정할 때 우리가 일반적으로 가장 먼저 하는 일은, 해당 영화가 어떠한 장르인지를 파악하는 것이다. 액션, 로맨틱 코미디, 누아르, SF 등 다양한 영화 장르 중 해당 영화가 어디에 속하는가를 먼저 파악한 후, 이 영화가 어떠한 방식으로 인물과 이야기, 의미를 구성해 나갈지를 예측하고, 이러한 예측을 바탕으로 영화를 선택하고 감상한다.

2022년에 개봉하여 미국 아카데미 시상식에서 작품상, 감독상, 각본상 등 총 7개 부문의 상을 휩쓴 영화 〈에브리씽 에브리웨어 올 앳 원스 Everything Everywhere All At Once〉의 경우를 생각해 보자. 한 포털 사이트에서 이 영화를 검색해 보면 '액션, 코미디' 정도로 구분되어 있는데, 이러한 장르의 영화에서 의미를 구성해 나가는 방식을 생각하며 이 영화를 선택했다가는 이 영화가 무엇을 의미하는지, 어떠한 부분에 초점을 맞추어 영화를 감상하고 이해해야 하는지 의문이 들 수밖에 없다.

멀티버스를 소재로 한 전체적인 스토리 구성과 사건 및 인물의 형상화 방식에서 그간의 액션, 코미디 장르와는 다른 실험적인 방식이 채택되었기 때문이다. 오히려 '위키백과'에서처럼 이 영화가 '초현실주의 슬랩스틱 코미디, 공상 과학 소설, 판타지, 액션, 서사시, 재난, 모험, 공포, 스릴러, 다큐멘

터리, 뮤지컬, 무협, 애니메이션, 로맨스 그리고 드라마 등의 다양한 영화 장르가 통합된 것'[3]이라고 설명된다면, 영화를 보는 내내 빠른 속도로 변화하는 멀티버스 세계에서의 익숙지 않은 이야기 및 인물 구성 방식이 오히려 예측되고, 이에 대응해 가며 영화를 감상할 수 있을지도 모른다.

결국, 의미를 생산하고 이해하는 모든 과정에서 성공적인 의사소통의 출발점은 '이것의 장르는 무엇인가'에 대한 이해이다.

66 같은 표현이 서로 다른 의미로 읽히는 이유는?

우회전과 관련한 교통 법규가 변경되었다. 운전자가 변경된 교통 법규 안에서 어떻게 운전해야 하는지를 설명할 때 경찰청 관계자가 "~하시면 좋겠습니다."라고 문장을 끝맺는다면, 그렇게 하지 않으면 법규에 어긋난다는 의미일까, 아니면 안 그래도 되지만 그렇게 하는 것이 권장된다는 의미일까?

이는 운전자의 보행자 보호 의무가 강화되면서 우회전과 관련한 규정이 개정되었을 때, 한 뉴스 인터뷰에서 있었던 일이다. 해당 뉴스 코너가 마무리되고 댓글 창에는 법이 그렇다는 것인지, 관계자 개인의 의견이 그렇다는 것인지, 관련 교통 법규에 대한 이해를 원했는데 여전히 모르겠다는 의견들이 분분했다. 정보 전달을 위한 뉴스 코너에서 전문가로서 법을 설명해야 하는 상황에서 "~하시면 좋겠습니다."와 같은 **양태 표현**★이 어떠한 의미를 나타냈기에 이러한 혼란이 발생했을까?

> 경찰청 관계자 : 도로교통법에서는 일시 정지를 바퀴가 완전히 멈춘 상태라고 규정을 하고 있어서 사실 몇 초간 서야 되는지는 정해진 바가 없습니다. 하지만 우리가 교차로에서 우회전을 할 때 일시 정지하는 어떤 취지를 생각해 보면, 정지선에 멈출 때 '나는 경찰관한테 단속되지 않을 만큼만 멈출 거야' 이렇게 하는 것보다는, 정지선에 멈춰 서서 횡단보도에 보행자가 가는지 여부를 확인하고 충분한 시간을 확인한 다음에 출발하시면 좋겠습니다. (…) 그렇기 때문에 뒤에서 정체 때문에 멈췄다 하더라도 정지선에 가까이 오면 다시 한번 멈춰서 횡단보도에 사람이 있는지 여부를 확인하고 가시면 좋겠습니다.[4]

해당 뉴스 코너에서 시청자들이 기대한 것은 교통 법규

전문가가 법규상 허가된 행동과 금지된 행동이 무엇인지를 분명하게 정리해 주는 것이었다. 즉, "~어야 하다"와 같은 '의무' 또는 "~어도 되다"와 같은 '허가'나 "~으면 안 되다"와 같은 '금지'의 양태 표현을 사용하여 법규상 의무적인 행동이나 허가된 혹은 금지된 행동을

> **★ 양태 표현**
> 문장이 표현하는 명제에 대한 비실현성, 비단언성과 같은 '화자의 주관적인 태도'를 드러내는 범주를 말한다. 동일한 양태 표현이라 하더라도 장르에 따라 서로 다른 의미를 구성하기도 하고, 추측·가능성·의무·소망·능력·허가 등 다양한 양태적 의미를 적절히 조정하여 문장을 구성한다면 공손성이나 설득력을 강화하는 전략적인 방법이 되기도 한다.

명확하게 정리해 주는 것 말이다. 하지만 뉴스 코너에서 전문가는 "~으면 좋겠다"와 같은 '소망'의 양태 표현을 사용함으로써 해당 행동들이 주관적인 개인의 바람인 것처럼 표현했다.

물론, 건의문이나 연설문과 같은 특정한 대상을 상대로 설득하는 글에서 화자(혹은 필자)가 원하는 행동(주장하는 바)을 표명할 때, 혹은 일상 속 구어에서 특정한 상대에게 무언가를 지시할 때 "~해라" 혹은 "~해야 한다"와 같은 표현보다는 흔히 "~하면 좋겠다"와 같은 소망의 양태 표현을 사용한다. 이는 **공손성**의 표지標識가 되기도 하고, 주장의 강도를 약화하여 오히려 더 효과적으로 설득하기 위한 전략적 표현이

되기도 한다.

즉, 명시적인 독자가 존재하는 글쓰기나 말하기 상황에서는 청자(혹은 독자)에게 원하는 행동이 무엇인지 강력하게 주장하기보다는 "~으면 좋겠다"와 같은 소망의 양태 표현을 사용하여 화자(혹은 필자)가 원하는 행동을 간접적으로 권유하는 방식으로 설득을 하는 것이다. 이러한 표현 방식을 우리는 **완화 표현** 혹은 **헤지**hedge **표현**이라고 한다.

이를 생각해 보건대, 위의 뉴스 코너 속 전문가는 건의문이나 연설문에서 사용되는 설득 전략이자 공손성의 표지로서 "~하시면 좋겠습니다"라는 양태 표현을 선택한 것으로 보인다. 하지만 시청자들은 이를 건의문이나 연설문의 장르와 유사하게 생각하는 것이 아니라, 법 규정에 필적하는 공지문 혹은 법 규정을 분명하게 설명하는 설명문의 장르로 의미가 구성될 것을 기대했기에 혼란스러울 수밖에 없었다.

이러한 양상은 학생들의 논설문에서도 흔히 볼 수 있다. 아래의 글들은 고등학교 1학년 학생들이 작성한 논설문의 일부이다.

사례 1[5]

여러분은 평소에 포털 사이트 익명 제도에 대해 어떻게

생각하시나요? <u>저는</u> 이와 같은 제도에 대해 <u>반대하는 바입니다.</u> (…) 저의 글을 읽어 보신 뒤 조금이라도 생각의 변화가 생기셨으면 좋겠습니다.

사례 2[6]
<u>내 생각에는</u> 수능 절대 평가 확대를 늘렸<u>으면 좋겠다.</u> 즉, 수학을 제외하고 나머지 과목들은 전부 절대 평가로 바꿨<u>으면 좋겠다는 주장이다.</u>

학생들은 논설문이라는 장르에 대해 일상생활 구어 속에서 자신의 주장을 상대방에게 표명하는 것과 크게 다르지 않다고 생각하는 듯하다. 그래서인지 일상 대화에서 자주 사용하는 "나는 ~에 반대한다" 혹은 "내 생각에는 ~하면 좋겠다"와 같은 주관화된 양태 표현을 논설문에도 그대로 사용하여 의미를 구성해 나간다.

이러한 표현이 논설문에 사용되면 안 된다는 것이 아니다. 다만, 해당 표현을 사용했을 때 자신이 펼친 주장이 '다양한 근거들을 바탕으로 한 논증의 결과'로 읽히지 못하고 '주관적인 개인의 견해'로 읽히게 되는 것은 아닌지 고민해 보아야 할 것이다. 그리고 이러한 표현이 논설문이라는 장르에 적

합한 의미를 구성하는지, 나의 주장을 효과적으로 전달하는 방법이 맞는지도 생각해 볼 필요가 있다.[7]

즉, 내가 소통하고 있는 장르가 무엇인가를 분명하게 이해하고 언어를 선택해야만 성공적인 의사소통을 할 수 있는 것이다.

장르를
한마디로 정의한다면?

김동환의 「국경의 밤」은 시인가?

고대 그리스 신화 속 영웅들 중 가장 유명한 아킬레우스와 오디세우스, 트로이 왕가 사람 중 아름답기로는 최고이나 여러 비극 속 주인공으로 등장하는 카산드라 등등, 현대의 모험 서사나 인물 구성에도 많은 아이디어를 제공해 주는 이 인물들은 고대 그리스의 시인 호메로스가 지었다고 알려진 「일리아드」와 「오디세이」의 등장인물들이다.

「일리아드」의 첫 장을 넘기면, 불화不和의 여신인 에리스가 던진 "가장 아름다운 여신에게"라고 쓰인 황금 사과로 인해 헤라와 아테나, 아프로디테 사이에 다툼이 벌어지고, 누가 황금 사과의 주인인지를 목동이었던 트로이 왕자 파리스가 결정하게 되는 이야기가 펼쳐진다. 수많은 영웅들의 목숨을 건 서사가 시작되는 순간이다. 이후로 대부분의 사람들이 한 번쯤은 들어 봤을 유명한 인물들의 이야기가 끝도 없이 이어진다.

하지만 사람들이 잘 모르고 있는 사실이 하나 있다. 수많은 영웅 서사를 품고 있는 이 작품이 다름 아닌 '시詩'라는 점이다. 앞서 호메로스를 고대 그리스의 '시인'이라고 소개한 것도 이 때문이다. 우리가 잘 알고 있는 춘향이나 심청이의 이야기가 가창歌唱을 기반으로 한 판소리였던 것처럼, 「일리아드」와 「오디세이」 역시 고대 그리스 음유 시인이 많은 이들 앞에서 암송하는 형태, 즉 산문이 아니라 운율이 담긴 '시'로 쓰였다.[8]

그렇다면, 아래의 또 다른 텍스트를 보자. 1920년대, 그 어두웠던 시기에 가족을 위해 밀수에 나선 남편을 걱정하며 밤을 샌 두만강 변 산골 마을 여인 '순이'의 1박 2일이 담긴 이야기 「국경의 밤」(1925). 그 첫 부분은 아래와 같다.

1
아하, 무사히 건넜을까,

이 한밤에 남편은
두만강을 탈 없이 건넜을까?

저리 국경 강안江岸을 경비하는
외투 쓴 검은 순사가
왔다— 갔다—
오르명 내리명 분주히 하는데
발각도 안 되고 무사히 건넜을까?

소금실이 밀수출密輸出 마차를 띄워 놓고
밤 새 가며 속 태우는 젊은 아낙네,
물레 젓던 손도 맥이 풀려서
파! 하고 붙는 어유魚油 등잔만 바라본다.
북국北國의 겨울밤은 차차 깊어 가는데.

2
어디서 불시에 땅 밑으로 울려 나오는 듯
"어어이" 하는 날카로운 소리 들린다.
저 서쪽으로 무엇이 오는 군호軍號라고
촌민들이 넋을 잃고 우두두 떨 적에,

처녀만은 잡히우는 남편의 소리라고

가슴을 뜯으며 긴 한숨을 쉰다.

눈보라에 늦게 내리는

영림창營林廠 산림山林실이 벌부筏夫 떼 소리언만.

— 김동환, 「국경의 밤」 부분

    총 3부에 걸친 72개 절로 이루어져 있는 이 문학 텍스트는 두만강 변에서 남편을 걱정하며 기다리던 밤부터 시작하여 결국 총에 맞아 죽은 채로 돌아온 남편의 시신을 산골 마을에 묻는 이튿날까지, 시간과 공간의 이동을 포함한 순이라는 인물의 이야기를 담고 있다. 김동환의 이 텍스트는 시로 읽히는가? 우리가 일반적으로 아는 시의 형식과 많이 다른 것은 사실이다. 하지만 이는 보통 시의 한 종류인 '서사시'로 분류된다.

    장르 교육에서의 초창기 논의는 이와 같이 장르를 '분류 체계'로서 접근했다. 다시 말해, 장르란 "어떤 작품이 속하는 종류 또는 부류"[9]를 뜻했다. 특정한 유사성을 지닌 장르를 어떻게 구분해 볼 수 있을지, 그리고 어떠한 작품이 어떠한 장르에 속하는지를 분석하며 분류하는 것이다.

🌕 장르도
발전할까?

세상 만물 모든 것에 변화가 있듯, 장르의 개념 또한 정적으로 존재하지 않고 진화해 왔다. '어떤 작품이 속하는 종류'라는 개념은 개별 작품을 일정하게 분류하는 데에만 목적을 두기 쉽고, 현대의 다양한 양식들을 기존의 장르 개념과 분류에서는 모두 포괄하여 다루기 어려웠다. 이에 따라 결과론적 산물의 특성을 바탕에 두는 것이 아니라 역동적이고 사회적인 행위 과정으로서 장르를 새롭게 정의하기 시작했다. 1984년 미국의 캐럴린 밀러Carolyn R. Miller가 장르를 **사회적 행위**로 규정한 논문 「사회적 행위로서의 장르Genre as Social Action」를 발표하면서부터이다.[10]

인간 사회에서 특정한 상황들은 일정하게 반복된다. 그리고 사람들은 이러한 반복되는 상황에 유사한 반응을 보이면서 이에 대처하게 된다. 이때 이 반복되는 유사한 언어적 반응을 바로 '장르'라고 하는 것이다.

예를 들어, 누군가에게 고마운 마음을 전하는 감사 편지를 쓴다고 생각해 보자. 고전 소설 속에서 자주 등장하는 "각설하고"라는 표현을 쓰며 도입 부분을 생략한 채 전하고 싶은 바로 그 사건과 그때의 마음을 단도직입으로 쓰진 않을 것이다. "안녕하세요."라는 인사와 함께 근황을 묻기도 하고, 때로는 오늘 날씨를 확인하고는 날씨에 관한 이야기부터 시작할지도 모른다.

편지라는 장르, 특히 감사의 마음을 전하고자 하는 편지라면 더욱 인사와 함께 안부를 묻고, 그러고 나서야 "다름이 아니라 이렇게 편지를 쓰는 이유는" 하면서 감사했던 일과 그 마음을 전하고 싶다는 본론을 천천히 작성하게 될 것이다.

즉, 누군가에게 어떤 일이나 상황에 대해 감사하는 마음을 글로 표현하려는 상황이 반복되고, 이에 반복적으로 유사한 언어적 반응, 즉 '인사 - 안부 묻고 전하기 - 감사하고자 하는 상황 설명 - 감사의 마음 표현 - 인사 및 기원' 등과 같은 전형적인 내용 구성과 **수사적 반응**들이 반복된다면 이것이 바로 '장르'인 것이다.

　이러한 사회적 행위로서의 장르는 정적으로 고정된 형태가 아니라 역동적인 것이다. 1920년대 한국 시의 세계는 서정시라는 전형적인 형식이 주도하고 있었는데, 순이라는 등장인물이 겪는 사건을 긴 호흡으로 이야기하는 방식의 시를 써서 발표했던 김동환이 있었던 것처럼, 장르는 사회 구성원에 의해 융합 혹은 변형되기도 하고 새롭게 만들어지기도 하며 때로는 소멸되기도 한다.[11]

　전 세계적으로 인기를 끌었던 영국의 록 밴드 퀸의 〈보헤미안 랩소디〉를 생각해 보자. '보헤미안'이라는 제목에서부터 일정한 범주 안에 머무르지 않고 '자유롭게' 떠돌 것을 천명한 이 노래는 아카펠라로 시작하여 발라드, 오페라 앙상블, 하드 록 등 전혀 다른 장르의 음악을 하나의 노래로 접목시킨 독특한 양식을 취한 것으로, 수십 년이 지난 지금도 많은 사랑을 받고 있다. 특정한 의미를 생산하고 향유하는 인간의 활동은 장르라는 **사회적 전형성**에 대한 이해를 바탕으로 서로 다른 장르를 혼용하거나 특정 장르가 지닌 어떤 전형성을 일부러 파괴하기도 하면서 새로운 장르를 산출하여 창의적으로 의미를 구성해 나가기도 하고, 시대와 사회에 따라서는 기존에 있던 장르가 소멸의 길을 걷기도 하는 것이다.

현재 우리가 향유하고 있는 미술 작품들만 보더라도 이러한 장르의 역동성을 쉽게 이해할 수 있다. 르네상스 시대에 미술 장르는 회화, 조각, 건축의 세 영역으로 구분되었지만 오늘날에는 이러한 고전적인 장르 개념으로는 설명할 수 없는 다양한 미술 작품들이 창작되고 향유되고 있다.[12] 기계로 찍어 내는 복제물을 미술 작품으로 재의미화한 앤디 워홀의 팝 아트, 기존의 미술 재료가 아닌 예술가의 몸과 행위 자체를 하나의 재료로 하는 행위 예술가들의 퍼포먼스, 자연물 그 자체를 그림판으로 삼는 대지 미술 land art 등 현재 우리가 볼 수 있는 새로운 미술 장르는 무궁무진하다.

Class 2.

장르의 작동 방식

장르는 우리의 삶과
어떻게 연결될까?

언어는 장르와
어떻게 만나는가

장르에 따라
문법적 선택도 달라질까?

❝ 축구 중계에서 짧고 간단한 문장을 쓰는 이유

○○○ 선수 중앙에서 공 가로챕니다. 치고 나가며 오른쪽 봅니다. 오른쪽 △△△에게 공 줍니다. 수비 셋, 공격 셋. 크로스 올립니다.

축구를 봤던 경험을 떠올려 보자. 선수들이 공을 잡을 때, 패스나 슛을 할 때, 그리고 공을 뺏길 때, 중계를 맡은 아나운서는 그 순간을 놓치지 않고 전한다. 눈으로만 축구 경기를 보는 게 아니라 아나운서의 중계를 통해 귀로도 축구를 즐긴다.

축구 선수가 빠른 만큼, 그리고 축구공이 빠르게 움직이는 만큼, 아나운서 중계의 속도도 빠르다. 선수들의 동작에 따라, 공의 위치와 소유권에 따라 경기의 양상도 시시각각 변한다. 아나운서는 짧은 문장, 간단한 문장을 사용한다. 아나운서가 사용하는 문장들은 절묘하게 시시각각 변하는 경기의 모습을 포착한다.

축구 중계를 하는 아나운서가 짧고 간단한 문장을 쓴다는 사실이 크게 놀랄 만한 일은 아니다. 길고 복잡한 문장을 썼다면 문장을 끝맺을 때쯤에는 이미 축구 경기의 양상이 바뀌어 있을 것이다. 공은 이미 상대편에게 넘어갔을지 모른다. 느긋하게 길고 복잡한 문장을 쓸 여유는 허용되지 않는다.

'축구'라는 대상 자체가 이러한 경향을 만드는 건 아니다. 요즘은 운동 경기 후에 경기를 전문적으로 분석하는 글이나, 분석 내용을 담은 동영상이 올라오는 경우가 많다. 어떤 경우든 설명 대상이 축구라는 점은 변하지 않은 셈이다.

하지만 문장의 형식은 달라진다. 이 경기의 승패 요인은 무엇인지, 감독의 전술은 적절했는지, 선수들의 움직임은 어땠는지 따져 보는 내용이 주를 이루는 글이나 동영상에 사용되는 문장은 복잡한 형식을 띠는 경우가 많다.

이 장면에서는 이렇게 했어야 하는데 그렇게 하지 못했다든가, 후반전에는 이러한 이유로 전술에 변화를 주었어야

했는데 그러지 않은 점이 패착이라든가 하는 설명 과정에서 다수의 종속절이 사용되며, 각 절은 앞에서 언급한 내용들과의 관련 속에서 여러 절이나 구를 안은 형태를 띠기 마련이다. 예컨대 이런 식의 문장을 생각해 볼 수 있다.

> 전반 초반, 중앙에서의 실책이 실점으로 이어지면서 수비 위주의 전술을 계속 가져가기 어렵게 되었던 것이 패배의 원인이었다고 생각합니다. 반면에 상대는 계속 중앙 압박을 하면서 라인을 올려 공격적인 축구를 이어 갔고, 중앙의 OOO 선수가 넓은 시야를 바탕으로 적재적소에 좋은 패스를 해서 경기를 쉽게 끌고 갈 수 있었습니다.

축구 중계와 축구 경기 분석이라는 두 사례의 대비를 통해 **장르**와 **문장 형식**에 관한 한 가지 사실을 알 수 있다. 어떤 대상을 소재로 삼고 있는지만 고려해서는 장르와 문법이 맺고 있는 관계의 전모를 밝힐 수 없다. 대상뿐 아니라 누가 누구와 소통하고 있는지도 고려해야 하고, 구어적인 상황인지 문어적인 상황인지도 고려해야 한다. 즉, 장르와 언어 간의 관계를 이해하려면 장르를 분석할 수 있어야 한다.

🙶 보드게임 설명서의 문장은 특별하다

___

○○ 보드게임 사용 설명서

[게임 순서]

① 각자 말을 하나씩 고른다.

② 각 말을 출발 위치에 놓는다.

③ 게임 참여자들은 출발 전 각각 카드 5장을 받는다.

④ 주사위 2개를 굴려 나온 수의 합만큼 앞으로 간다.

......

보드게임 하나를 선물받았다고 해 보자. 처음 본 보드게임이라 설명서를 봐야 하는 상황이다. 물론 요즘은 인터넷에 보드게임을 하는 방법이 동영상으로 올라오는 경우도 많지만, 이 보드게임은 크게 인기가 없어 아직 영상으로 된 설명은 없다.

보드게임 설명서를 읽는 방법은 사람마다 다를 것이다. 여기서는 보드게임을 펼쳐 두고, 설명서 한 줄을 읽고 그대로 보드게임의 말이나 카드를 옮겨 보는 상황을 가정해 보자. "각자 말을 하나씩 고른다."라는 문장을 읽고 각자 말을 하나씩 고른다. "각 말을 출발 위치에 놓는다."라는 문장을 읽고 각 말을 출발 위치에 놓는다. "게임 참여자들은 출발 전 각각 카드 5장을 받는다."라는 문장을 읽고 참여자들에게 카드를 5장씩 나누어 준다. "주사위 2개를 굴려 나온 수의 합만큼 앞으로 간다."라는 문장을 읽고 주사위를 굴려 나온 수의 합만큼 앞으로 간다.

보드게임 설명서의 문장은 특별하다. 설명서 속 한 문장은 보드게임을 하는 현실 속 한 행위에 대응한다. 특별히 유의해야 할 사항을 자세히 설명한 부분이 아니라면, 보드게임 설명서 속 대부분의 문장들은 게임 속에서 해야 할 하나의 동작과 연동되어 있다. 문장과 문장을 나누는 논리가 보드게임 속 행위의 구획과 긴밀히 연결되어 있다. 텍스트 속 문장 구획이 현실 속 동작 구획에 대응한다는 점에서 보드게임 설명서의 문장은 특별하다.

세상의 모든 문장이 보드게임 설명서처럼 현실의 동작과 하나하나 대응되는 건 아니다. 어떤 장르의 글이냐에 따라, 현실 속 동작들을 의도에 따라 적절히 묶어 하나의 문장으로 구성한다. 어떤 문장은 하나의 동작에 대응되지만, 어떤 문장은 여러 동작들을 복합적으로 표현한다. "명제 내용에 적절한 단위를 설정"[1]해서 문장을 구성한다.

소설가 박완서는 「엄마의 말뚝 1」의 시작 부분에서 엄마와 할머니의 행동을 이렇게 묘사한다.

> 내 걸음걸이가 지쳐 보일 때면 엄마와 할머니는 서로 눈을 맞추고는 양쪽에서 내 겨드랑 밑에 손을 넣어 번쩍 들어 올려서 그네 태우듯이 대롱대롱 흔들면서 몇 발자국 종종걸음을 치고 나서 내려놓아 주곤 했다.[2]

한 문장에 여러 동작이 대응된다. 물론, 아이를 그네 태우듯이 흔드는 일련의 동작들을 하나로 볼 수도 있다. 실제 동작을 몇 개의 문장 안에 담을 것인지는 소설가의 의도에 달렸다. 소설이 아니라도 마찬가지이다. 문장을 구성하는 모든 순간, 이러한 선택은 의식적이든 무의식적이든, 관습적이든 창의적이든 일어난다.

다시 보드게임 설명서로 돌아가 보자. 그렇다면 보드게임 설명서의 문장은 왜 이러한 특성을 지닐까? 답은 이미 우리 모두 알고 있다. 보드게임 설명서이기 때문이다. 보드게임을 처음 하는 사람도 게임 방법을 쉽게 이해할 수 있도록 하려면 동작을 하나씩 설명하는 것이 효과적이다. 여러 동작을 묶어 복잡한 문장으로 표현한 보드게임 설명서가 있다면, 읽어도 읽어도 잘 모르겠다는 푸념이 나올 것이다.

'보드게임 설명서의 문장이 이와 같은 것은 보드게임 설명서이기 때문'이라는 설명은 동어반복이다. 다시 '장르' 개념이 필요하다. "보드게임 설명서이기 때문"이라는 말을 "보드게임 설명이라는 장르이기 때문"으로 바꾸어 보자.

시드니 학파로도 불리는 체계기능언어학 연구자들은 장르를 **사용역** register★의 패턴으로 보고, 사용역을 **분야** field, **참여자 간 관계** tenor, **양식** mode의 세 가지 구성 요소로 분석할 수 있다고 했다.[3] 보드게임 설명서는

★ **사용역**
일반적으로 맥락에 따른 언어의 변이형을 가리킨다. 어떤 분야의 내용을 담고 있는지, 화자와 청자, 필자와 독자의 관계가 어떠한지, 구어적인지 문어적인지 등에 따라 언어 사용 양상이 달라지는데, 사용역을 분석함으로써 텍스트의 장르적 특징을 파악할 수 있고 텍스트를 맥락과 연계하여 이해할 수 있다.

게임 분야를 내용으로 삼고 있고(분야), 보드게임 설명서를 쓴 필자와 보드게임을 하기 위해 그 방법을 알고자 하는 독자 간의 소통이며(참여자 간 관계), 글로 되어 있으나 문체는 굉장히 구어적인 경우가 많다(양식). 보드게임 설명서의 문장이 실제 게임에서의 동작과 긴밀히 관련된 까닭은 이러한 보드게임 설명서의 장르적 특징을 통해 짐작할 수 있다.

❝ 신문 기사에 큰따옴표를 쓰지 않는다면?

신문 기사에는 여러 사람의 목소리가 담긴다. 기사를 쓰는 기자의 목소리와 사건과 관련된 여러 사람의 목소리가 공존한다. 케이블카 설치를 두고 찬반 대립이 있는 지역에 관한 기사를 생각해 보자. 기자는 찬성 측의 논리와 반대 측의 논리를 자신의 목소리로만 설명하지 않는다. 찬성하는 사람, 반대하는 사람의 생생한 목소리를 기사에 담는다. 이러한 목소리를 담으려면 **인용 표현**이라는 문법적 형식이 필요하다.

신문 기사에 인용이 없다면 어떻게 될까? 제한된 지면에 사건에 관해 압축적으로 설명할 수는 있겠으나, 현장성과 생생함은 아무래도 인용 표현을 사용했을 때보다 덜할 것이다.

최근 신문 기사들을 보면 인용 표현에 직접 인용 형식과 간접 인용 형식이 혼재되어 있는 경우가 빈번히 나타난다. 원래 다른 사람이 한 말을 직접 인용할 때는 큰따옴표를 쓰고 '(이)라고'를 사용하고, 다른 사람의 말을 간접 인용할 때에는 큰따옴표를 쓰지 않고 '고'를 사용하는 것이 일반적이다. 그런데 최근 기사들에서는 큰따옴표와 '고'가 결합된 형태가 많이 나타난다. 이러한 인용 형식은 일종의 '변이형'으로 지칭되며[4] 그 표현 의도와 관련된 연구도 이루어지고 있다.

- ○○ 씨는 "이 축제에 다시 오고 싶을 것 같다"**고** 말했다.
- 마을 주민 ○○ 씨는 "이 시설이 들어오면 환경 오염이 염려된다"**고** 말했다.
- 행사 관계자는 "지역 축제 활성화를 위해 지자체의 지속적 지원이 필요하다"**고** 말했다.

위 사례들은 모두 큰따옴표를 사용하면서 직접 인용 표지인 '라고'를 사용하지 않고 간접 인용에 사용되는 '고'를 사용했다. 왜 이런 일이 일어났을까? 규범의 잣대를 엄격하게 적용하여 무조건 틀렸다고 하기보다는, 왜 이러한 형식을 많이 사용하게 되었는지 생각해 볼 필요가 있다.

인용된 부분을 자세히 살펴보면, 다른 사람의 말을 그대로 옮겨 왔다기보다는 필요한 부분을 적절히 정리하여 제시한 경우가 많다는 것을 알 수 있다. 만약 그러한 경우라면 간접 인용이므로 '고'를 붙이기만 하면 된다. 그런데 왜 큰따옴표를 붙였을까?

여기서 던진 '왜'라는 물음은 각 기사를 쓴 기자 개인의 의도를 묻는 것이 아니다. 이러한 형식이 확산된 원인을 신문 기사라는 장르가 지닌 특성과 인용의 효과라는 차원에서 설명해 보고자 함이다.

앞서 살펴본 대로 직접 인용이 신문 기사에 현장성과 생생함을 더해 주는 효과가 있다는 점을 고려하면, 큰따옴표는 현장성과 생생함을 확보하기 위한 장치로서 선택된 것으로 해석할 수 있지 않을까? 큰따옴표를 사용함으로써 사건과 관련된 사람들의 목소리를 생생하게 전달할 수 있다는 점이 이러한 새로운 형식을 확산시키는 동력일 가능성이 있다.

우리는 신문 기사에 어떠한 인용 표지가 선택되었는지에 주목함으로써, 그 기사가 사람들의 목소리를 어떻게 다루고 있는지 이해할 수 있다. 문법적 형식에 주목함으로써 신문 기사의 장르성이 어떤 방식으로 구현되는지, 그 일면을 파악할 수 있는 것이다.

사회는 장르와 어떻게 만나는가

장르를 잘 '한다'는 것은 무엇일까?

❝ 우리가 장르를 '한다'는 것은?

    장르가 단순히 글을 읽고 쓰는 **문식**文識 **행위**에만 관여하는 것은 아니다. 앞서 장르를 '사회적 행위의 틀'이라고 이야기한 것은, 반복되는 상황에서 취해야 할 사회적 행위 방식들이 유형화된 것을 장르로 명명할 수 있기 때문이다. 따라서 장르를 습득한다는 것은 공동체의 활동에 참여한다는 것과 같은 의미이기도 하다. 다음의 예시를 보자.

　우리가 일상적으로 보아 왔던 청첩장이다. 결혼식 참석을 청하는(請, 청할 청) 초대장(牒, 편지 첩)답게 초대하는 말과 양가 부모님의 성함, 결혼식 일자와 장소, 약도 등이 제시되어 있다. 그런데 이 청첩장에는 우리나라에서 결혼이라는 사회적 행위에 담겨 있는 의미가 고스란히 드러나 있다.

　결혼식 당사자들의 이름보다 양가 부모님의 이름이 먼저 나오는 것은 결혼이 개인 간의 결합이라기보다는 가족 혹은 가문의 결합임을 보여 준다. 결혼식 시간이 대체로 끼니때를 전후로 정해지는 것은 예식에 참여하는 손님들에게 감사의 마음으로 식사를 대접하는 문화가 굳어져 내려왔기 때문이다.

최근에는 모바일 청첩장에 신랑 신부의 계좌 번호를 기재하는 것이 일반화되는 추세인데, 청첩장에 계좌 번호를 넣는 것이 이상해 보이지 않는 것은, 결혼식이 사실은 상호 부조扶助의 문화 속에서 이루어지는 것이라는 데에 우리 모두가 암묵적으로 동의하고 있기 때문이다.

이와 같이 장르를 통해 우리는 상황적 요구를 인지하고 그러한 요구에 적합하게 행동하면서 효율적으로 소통할 뿐만 아니라, 우리가 속한 공동체의 규범이나 질서를 계속적으로 재생산하는 주체가 되기도 한다.

❝ 장르는
사회적 연쇄 반응이다

2017년, 청와대 '국민 청원 게시판'이 신설되었다. 청와대 홈페이지에 청원을 등록하고 30일 동안 20만 개 이상의 동의를 받으면 정부나 청와대 관계자들이 청원에 대한 답변을 제공하는 방식의 게시판이었으며, 청원 내용 중 일부는 실제 정책으로 반영되기도 했다. 2017년 8월부터 2022년 2월까지 총 5억 1,600만 명이 방문했고, 1일 평균 670건의 청원이 게시되었다.

이 청원 게시판의 신설은 쓰기에 대한 국민의 인식과 관련하여 굉장히 중요한 전환점이 되었다. 그 전까지만 해도 사람들이 갖고 있는 쓰기 경험이란 자기 혼자 쓰고 읽는 일기나,

SNS상의 대화와 같은 개인적이고 친교적인 차원의 쓰기, 또 수업 시간에 과제로 제출하고 교실 안에서만 소통되는 학습적인 쓰기에 한정된 것이 대부분이었다. 그러나 이러한 청원 제도를 통해서 '어, 내가 쓴 글이 세상 속에서 읽히네?', '어, 내가 쓴 글이 정책을 바꾸네?' 하면서 '쓰기란 사회·문화적 참여 행위'라는 인식이 보편화된 것이다. 이것은 '청원문'이라는 장르가 지닌 본질적 기능이 충실히 실현되어 사람들에게 자리 잡은 사례라고 할 수 있다.

19대 대통령실 국민 청원 게시판

Class 2.   장르의 작동 방식

그런데 사회적 행위가 하나의 장면 속에서 시작되고 종결되는 것이 아니라 무수히 많은 상호 작용들의 관계망 속에서 인과적으로 연결되어 있듯, 장르 또한 사회적 행위라는 점에서 다른 장르들과 상호 작용하면서 의미를 얻게 된다.

국민 청원의 예를 들면, 난치병 치료제에 대한 보험 적용이 안 된다거나, 법안이 미비하여 교통사고 가해자가 상응하는 처벌을 받지 않는다거나 하는 ① 선행 사건이 먼저 존재한다. 그리고 이에 대한 반응으로 ② 청원 글이 작성된다. 해당 청원 글이 담고 있는 사안의 심각성이나 중요성이 포착되면 ③ 언론 기사 등에서 이를 다루거나 각종 온라인 커뮤니티나 SNS에 해당 청원 글이 퍼 날라지고, ④ 댓글 등을 통해 이에 대한 공감대가 형성되기도 한다. 이를 통해 20만 개 이상의 동의가 모이면 이에 대한 ⑤ 답변이 제공되고, ⑥ 관련 정책이 만들어지는 데까지 이르는 것이다. 이처럼 ①~⑥으로 이어지는 다수의 장르들의 인과적 연쇄 속에서 복합적인 사회적 행위가 수행된다.

여기서 중요한 것은 장르가 사회적으로 규정된 것이지만, 동시에 여러 가능성 속에서 주체적으로 '선택'될 수 있는 것이라는 점이다.

예컨대 선행 사건이 있을 때 우리는 청원 글을 작성할 수도 있지만, 언론사에 제보하는 제보 메일을 작성할 수도 있다. 또는 온라인 커뮤니티에 업로드된 청원 글에 댓글을 다는 대신, 친구에게 SNS로 해당 글의 링크를 보내며 공유를 할 수도 있고, 해당 청원 글과 관련하여 나의 블로그에 에세이를 작성할 수도 있다.

이처럼 우리가 장르 속에서 살아간다는 것, 장르를 '한다'는 것은, 전략적으로 어떻게 다음 절차를 수행할지, 서로 연결된 여러 장르들 중에 어떻게 가장 적합한 장르를 선택할지를 알고, 그것이 어떤 효과를 가져올지 고려하며 이를 수행하는 것이다.

❝ 장르를
잘 '하는' 법

    장르를 잘 '하기' 위해서 우리에게 필요한 것은 장르에 대한 인식이다. 이를 **장르 인식** genre awareness★이라고 하는데, 단순히 해당 장르에서 반복되는 텍스트의 형식과 내용, 텍스트 안에서 발견되는 일정한 규칙을 아는 것뿐만 아니라, 그러한 규칙이 형성된 **사회·문화적 맥락**이나, 특정한 언어 형식이 어떤 상황에서 어떤 기능을 수행하는지까지를 아는 것을 뜻한다. '영화 한 줄 평' 장르를 예로 들어 보자.

    ★★★★★   라라랜드(2016) - 달콤쌉싸름한 그 모든 감정에 화룡점정하는 마법 같은 순간.

★★★★☆　기생충(2019) – 상승과 하강으로 명징하게 직조해 낸 신랄하면서 처연한 계급 우화.

★★★☆　엘리멘탈(2023) – 개념의 시각화와 공간적 상상력에서 창의성이 빛난다.

위에 제시된 사례들은 영화평론가 이동진 씨가 작성한 영화 한 줄 평이다. 이 중 영화 〈기생충〉에 대한 한 줄 평은 '명징明澄', '직조織造' 등 어려운 한자어의 사용으로 온라인에서 논란이 되었으며, 신문 기사에 등장하기도 했다.[5]

이 한 줄 평의 필자는 짧은 분량 안에 영화의 핵심을 축약해서 담아내야 하는 영화 한 줄 평의 특성상 조어력이 뛰어난 한자어를 사용했을 것이다. 그것은 그의 다른 한 줄 평에도 두드러지는 속성이며, 여기에는 그러한 속성이나 규칙이 형성된 맥락에 대한 필자의 이해가 담겨 있다고 할 수 있다.

그러나 여덟 어절의 문장 안에 여덟 개의 한자어가 포함되어 있을 때, 그러한 언어 형

> **★ 장르 인식**
>
> 반복되는 수사적 상황에서 어떠한 형식과 내용, 규칙을 토대로 행위해야 할지 알고, 나아가 장르에 대해 메타적으로 사고할 줄 아는 능력. 장르 인식은 언어 행위를 둘러싼 상황이나, 담화 공동체의 가치, 규범을 이해하고 이들 요인이 언어 행위에 어떤 영향을 미치는지를 분석하고 비판하는 데서 출발하기 때문에, 효과적이고 창의적인 장르 사용자가 되기 위해서는 장르 인식을 갖추는 것이 중요하다.

식이 영화의 주 소비 계층에게 어떻게 받아들여지고 어떤 기능을 수행할지에 대한 고려까지 해당 텍스트 안에 충분히 담겨 있다고 보기는 어렵다.

이처럼 장르를 잘 '하기' 위해서는 단순히 글이나 말을 만들어 내는 데서 더 나아가, 해당 텍스트가 놓인 사회적 맥락과 그것이 사회적인 과정 속에서 어떻게 의미화되어 갈 것인가까지를 살피는 능력을 갖추어야 한다.

표현 상황뿐만 아니라 이해 상황에서도 장르에 대한 인식이 필수적이다. 예컨대 같은 상업적인 담화라고 하더라도 홈 쇼핑에서의 판매자는 "단 한 번도 보여 준 적 없는", "오늘 어렵게 물량을 확보했습니다. 이런 기회는 흔치 않습니다.", "말도 안 되는 가격 구성", "주문 너무 어렵구요."처럼 구매 기회의 희소성을 강조하는 반면, SNS에서의 판매자는 다음과 같이 개인적인 친근감을 강조한다.

33,530 likes
username 제가 너무 사랑하는 상품이에요~💙

제가 이 상품 이 가격에 받으려고 본사를 제 집보다 더 많이 다녔어요.
직원들은 저를 뜯어 말리고, 이 제품을 직접 만드신 장인 선생님께서도 이렇게 좋은 제품을 그렇게 싸게 팔면 안 된다고 말씀하셨지만 🥲
간절한 저의 설득 끝에 "사장님이 그렇게 아끼는 고객들을 위한 거라면 나도 아낄게." 라고 하시면서 응해 주셨습니다:)

몇 달을 실랑이 해서 좋은 가격에 받은 상품,
반응이 뜨거워 10% 추가 할인 들어갈 예정이예요! 😀

    위의 글은 상품의 장점이나 할인율에 대한 설명보다, 좋은 제품일수록 그렇게 싸게 팔면 못쓴다는 '장인 선생님'의 만류에도 "간절한 저의 설득" 끝에 "아끼는 고객들"을 위한 할인 행사를 진행하는 필자의 노력이 더욱 부각되어 있다. 이는 독자가 '인플루언서의 SNS 글'이라는 장르에 기대하고 있는 바—상호 작용, 개인적 친근감, 신뢰감—를 반영한 **쓰기 전략**이라고 할 수 있을 것이다.

    SNS에서의 판매 글에 익숙지 않은 독자의 경우 '이 판매자가 팔로워인 나를 이렇게 생각해 주다니!' 하고 감동하며 당장 물건을 구입하기 위한 댓글을 달 수 있겠지만, 현재 이러한 속칭 '인스타 팔이 피플(팔이 people: SNS 따위를 활용하여 물건을 파는 사람이나 무리를 지칭하는 신조어) 화법'은 유튜브나 각종 온라인 커뮤니티에서 비판이나 패러디의 대상이 되는 중이다. 친구와 상품 판매자의 경계를 넘나들면서 호의를 가장하여 검증되지 않은 저렴한 물건을 비싸게 판다는 인식이 독자들 사이에 공유되고 있기 때문일 것이다.

    이처럼 장르는 특정한 사고나 소통의 방식을 매개하지만, 장르가 정착되는 순간 장르를 수용하는 사람들에 의해 그 정당성을 의심받기도 하고 변형되기도 한다. 단순히 장르의 규칙이나 수사적 효과 등을 파악하는 데에 그치지 않고, 장르가 어떤 맥락에서 만들어졌는지, 장르가 어떤 사회상이나 이데올로기를 투영하고 있는지를 분석하고 비판하고 변형하는 데까지 나아가는 것, 그것이 장르를 잘 '하는' 방법이다.

작품은 장르와 어떻게 만나는가

장르를 알면
재미와 감동이 달라질까?

『』 장르,
　　작품을 만나는 통로

　　일상 속에 장르가 널리 자리 잡고 있다면 우리 삶과 사회에는 어떤 영향을 미치고 있을까? 한마디로 말해, 장르를 알면 보이는 것도 경험하는 것도 달라질 수 있다. 그동안 익숙해서 당연하게 여겨 왔던 대상도, 언어도 모두 장르를 통해 새롭게 발견될 수 있다는 말이다. 장르가 우리의 인식과 경험에까지 영향을 미친다니, 도대체 어떻게 이런 일이 가능할까?

　　작품과 만날 때, 장르는 작품에 접근하기 위한 좋은 방법적 도구가 된다. 독자인 우리를 작품의 의미, 작가의 의도와 만나게 해 주는 통로인 것이다. 작가의 입장에서도 가치 있는 문제를 포착하여 이를 작품으로 담아내려 할 때, 효과적으로 표현하기 위해 가장 먼저 고려하고 선택하는 것이 바로 장르이다. 사회적으로 합의되고 약속된 장르의 문법에 따라 작가는 자신의 생각을 표현·생산하고, 이러한 장르의 문법에 힘입어 독자는 언어 세계에 담긴 작가의 생각을 포착할 수 있다. 장르는 추상적인 생각을 언어 양식과 표현으로 구현할 수 있도록 도와주는 코치이자, 언어 양식과 표현 속에 담긴 작가의 생각을 읽고 추적하는 길을 안내해 주는 친절한 가이드인 셈이다.

작품의 장르를 알지 못한다면 어떤 일이 생길까?

과거 한 대학에 전시된 조형 미술 작품을 철제 고물로 잘못 알고서 겨우 21,500원에 고물상에 판 사건이 있었다. 경찰에 붙잡힌 이들은 "고철 덩어리가 미술 작품이라니 믿을 수 없다."[6]라며 억울함을 호소하기도 했다. 조형 미술 작품의 장르적 관습을 제대로 알지 못한 데서 발생한 하나의 해프닝이라 할 수 있다. 이처럼 장르를 제대로 알지 못하면 그 속에 담긴 작가의 생각은 물론이거니와 작품의 가치도 제대로 파악하기 어렵다.

장르가 작품 이해와 수용에 어떻게 작용하는지를 구체적으로 살피기 위해 「봉산탈춤」과 「제망매가」를 만나 보기로 하자. 이들은 고전 문학을 대표하는 작품으로 널리 알려져 있지만, 정작 그 가치와 아름다움의 실체를 제대로 설명하기는 쉽지 않다. 장르에 대한 관심으로 이러한 의문을 해결해 보자.

「봉산탈춤」이 있어야 할 곳은 어디일까?

    「봉산탈춤」의 존재 자체를 모르는 사람은 거의 없지만, 「봉산탈춤」을 읽고서 재미를 느낀 이를 찾아보기는 어렵다. 중고등학교 국어 시간에 배웠던, "양반 나오신다."는 말을 외친 말뚝이는 어렴풋이 기억나지만, 「봉산탈춤」의 재미와 감동을 제대로 경험해 본 적은 없다. 「봉산탈춤」을 텍스트로 배우기는 했지만, 제대로 즐기지는 못했던 것이다.

    사실 「봉산탈춤」은 조선 후기에 매우 인기 있었던 상업적 공연이었다. 「봉산탈춤」이 공연될 때면 수많은 관중이 구름같이 몰려들었고, 이들은 밤을 새우면서 「봉산탈춤」을 즐겼다. 조선 시대의 대표적인 놀이 문화라 할 수 있다.

이러한 「봉산탈춤」의 흥행 비밀은 당시 관중의 요구와 취향을 제대로 파악한 데 있다. 지배층에 대한 매서운 공격과 풍자야말로 사람들을 불러 모을 수 있는 가장 효과적인 흥미 요소였던 것이다. 그러다 보니 조롱과 희화화를 통해 웃음을 창출하는 것이 중요한 과제가 되었고, 「봉산탈춤」을 비롯한 탈춤들은 이러한 일을 제대로 달성해 냈다. 작품 전체가 우월한 자, 힘센 자를 깎아내려 우스꽝스럽게 만드는 것으로 채워진 이유가 여기에 있다. 비꼬기도 하고, 한편으로 비웃기도 하면서 권력과 능력의 불균형과 부조화를 마음껏 폭로한 것이다. 그동안 억눌려 있던 울분의 마음이 통쾌해지는 순간이다.

이들이 즐겼던 공연 내용을 받아 적어서 남긴 기록이 우리가 교과서에서 접하는 「봉산탈춤」이라는 대본이다. 문제는 이러한 폭로와 조롱의 사설이 교과서에 박제되어 하나의 인쇄물로 전달된다는 데 있다. 인쇄된 문자의 형태로 교과서에 실리다 보니 「봉산탈춤」의 대본은 언제나 동일한 내용과 표현으로 고정되어 버리고, 여기에 「봉산탈춤」의 낯선 표현과 구절을 있는 그대로 받아 적어 이해하는 교육 방식이 더해지면서 사설의 고정성은 한층 강화되고 더욱 견고해져 갔다.

그러다 보면, 옛날 사람들은 같은 내용과 표현을 여러 번 읽어도 재미있어 했던 것으로 오해할 수도 있다. "개잘량이라는 '양' 자에 개다리소반이라는 '반' 자 쓰는 양반"과 같은 내용을 여러 번 읽어도 계속해서 재미가 있을까? 아무리 재미있고 웃긴 내용이라 하더라도 여러 번 읽으면 감동과 재미가 반감되지 않을까?

　코미디 연극의 대명사 〈라이어〉도 만약 대본만 읽는다면 공연을 볼 때의 재미를 제대로 느낄 수 없음은 물론이다. 뮤지컬 〈지킬 앤 하이드〉의 공연을 떠올려 보자. 배우들의 빼어난 연기와 노래, 무대 장치로 인해 같은 작품이지만 우리는 매번 다른 감동을 얻게 되고, 그래서 여러 차례 반복해서 보게 된다.

　「봉산탈춤」의 재미 또한 여기서 찾을 수 있지 않을까? 오늘날 「봉산탈춤」이 재미없다고 느끼는 것은 단순히 시간과 장소가 많이 바뀐 탓이 아니라, 근본적으로 「봉산탈춤」을 접하고 경험하는 과정에 **연행**★이라는 장르적 특질이 제대로 작동하지 못하고 있기 때문이다.

　조선 시대 사람들은 「봉산탈춤」을 글과 읽기가 아닌, 춤과 음악이 곁들여진 공연으로 접하고 즐겼다. 「봉산탈춤」은

> ★ **연행(演行, performance)**
> 일반적으로 배우가 연기하는 것을 가리키는 말로, '공연'과 유사한 의미를 갖는다. 그러나 공연이 몸짓, 말과 같은 행동을 바탕으로 실현된다는 의미를 갖는 데 반해, 연행의 경우 이러한 공연성에 더해서 특별히 배우와 현장에 의해 작품이 개성적으로 연출·실현되는 것을 강조하는 차이가 있다.

어디까지나 연행의 차원으로 존재하고 향유되었던 것이다. 노래와 춤을 담당하는 배우와 이를 즐기는 관객, 그리고 현장의 공간이 함께 어우러지는 하나의 공연이었기에 눈으로, 귀로, 그리고 입으로 즐길 수 있었다.

그런 만큼 현장과 관중의 분위기와 상황에 따라 대사나 내용이 얼마든지 달라질 수 있었음은 물론이다. 대사는 전승되어 고정되어 있으나 고정되어 있는 것은 윤곽에 불과하고, 즉흥적인 창작에 의해 얼마든지 늘이고 줄일 수 있었다.[7] 같은 레퍼토리이되 늘 다르게 공연될 수 있었던 까닭이 바로 여기에 있다.

「봉산탈춤」을 즐기기 위해서는 무대에서 공연되는 「봉산탈춤」을 '지켜보는 것'으로 충분할까? 공연장에서 관객은 언제나 조용히 숨죽이며 지켜볼 것을 강요받아 왔지만, 「봉산탈춤」의 경우에는 시끄럽게 소리치기도 하고, 심지어 공연 내용에 끼어드는 일도 허용된다. 또 다른 공연자로서의 역할을 부여받은 것이다. 판소리에서 "귀명창名唱(판소리를 감상하는 능력을 제대로 갖춘 사람)이 있는 곳에 명창이 있다."는 말처럼, 연행의 **장르 관습**을 제대로 아는 관객이 있을 때 「봉산탈춤」은 비로소 완성될 수 있다. 다시 말해 일반적인 연극과 구별되는, 관객의 참여가 허용되어 무대 안과 밖의 경계 자체가 없어지는 특별한 장르적 관습 속에서 우리는 「봉산탈춤」을 제대로 즐길 수 있다.

이처럼 「봉산탈춤」으로 대표되는 탈춤은 배우와 관객이 구분되지 않고 함께 공연을 만들어 가는 특별한 장르적 특질을 갖고 있다. 이러한 장르 관습에 따라 관객들이 연행에 적극적으로 개입·관여함으로써 「봉산탈춤」은 '함께 만드는 것'이면서 '늘 변화하는 것'이 된다. 단지 있는 것만을 전달하는 데 그치지 않고 끊임없이 변화하는 가운데 관객과 함께 새롭게 만들어지는 공동작인 것이다. 지켜보는 것, 침묵하는 것과는 구별되는 또 다른 즐거움을 가져다주는 지점이다. 배우와 관중이 하나가 되어 함께 공연하기 때문에, 그 순간만큼은 현실의 고통에 침잠되지 않고 신나는 신명 풀이[8]의 시간이 될 수 있었던 것이다.

이런 점에서 본다면, 오늘날 '고정'된 사설을 '읽는' 것으로 「봉산탈춤」을 향유하는 것은 매우 기형적인 모습이 아닐 수 없다. 탈과 몸짓, 음악이 제거된 채 사설의 내용만으로 「봉산탈춤」을 즐기라는 것은, 마치 빼어난 외모와 현란한 춤, 화려한 퍼포먼스, 중독성 있는 리듬을 동반하고 있는 아이돌의 노래를 두고서 가사만을 눈으로 읽으라는 것과 다를 바 없다. 오늘날 인기 있는 코미디 프로그램도 마찬가지이다. 출연자의 개성 있는 목소리와 음향 효과, 분장을 제거한 채, 글로 접하게 되면 그 즐거움이 같을 수 없음은 물론이다.

「봉산탈춤」이 문자로 고정된 순간, 내용을 바꿀 수도 없고 공연 속에 참여할 수도 없다. 그렇기 때문에 「봉산탈춤」을 제대로 즐기려고 한다면, 탈, 춤, 음악이 어우러진 가운데 관객과 함께 만들어 가는 장르의 방식대로 접해야 한다. 함께 즐기다 보면 그동안 「봉산탈춤」에 대해 얼마나 잘못된 방식으로 접했는지, 아니 「봉산탈춤」이 얼마나 억울했을지도 깨달을 수 있지 않을까?

'문자로 정착된 구비 문학은 엄밀한 의미에서 이미 구비 문학이 아니며 구비 문학은 연행될 때만 존재한다'는 말[9]은, 구비 문학의 장르적 본질이 연행에 있음을 분명히 가리키고 있다. 「봉산탈춤」의 즐거움이 궁금하다면, 그리고 경험하고 싶다면, 지금 당장 「봉산탈춤」 공연을 함께 즐기러 가자.

「제망매가」에도 장르가 숨어 있다

「제망매가祭亡妹歌」는 향가의 백미로 손꼽히는 작품이다. 신라 향가가 겨우 열네 편 남짓 전해지는 관계로 희소적 가치가 더해진 측면이 없지는 않으나, 고전 시가 전체를 대표하는 작품으로 중고등학교 교과서에 널리 수록되어 왔고, 지금 이 순간에도 국어 교실에서 수많은 학생들이 배우고 있다.

> 생사生死 길은
> 예 있으매 머뭇거리고
> 나는 간다는 말도
> 못다 이르고 어찌 갑니까

어느 가을 이른 바람에

이에 저에 떨어질 잎처럼

한 가지에 나고

가는 곳 모르온져

아아 미타찰彌陀刹에서 만날 나

도道 닦아 기다리겠노라

「제망매가」가 높은 인기를 얻은 까닭은 무엇일까? 무엇보다 가까운 이의 죽음과 이별이라는, 공감하기 좋은 주제를 다룬다는 점에서 그 이유를 찾을 수 있다. 누이의 죽음과 이별을 노래한 「제망매가」를 통해 우리는 영원한 이별을 맞이한 순간의 고통과 아픔이 어떠한지를 경험하고 그 슬픔에 공감하게 된다. 나아가 사별死別에 대한 인식에서 인간 존재의 유한성도 깨닫게 된다. 이처럼 혈육의 사별은 유한한 인간 존재에 매우 민감한 문제로 인간 성장을 위한 교육의 목표에도 부합하는 주제군이다 보니, 「제망매가」는 교과서에서도 비중 있게 다뤄져 왔다.

그런데 단순히 혈육의 사별을 다룬다는 것만으로는 「제망매가」의 가치를 설명하기에 턱없이 부족하다. 죽음과 사별의 문제는 이미 오랜 과거부터 지금까지 수많은 작품들의 인기 있는 주제로 다루어져 왔기 때문이다. 「공무도하가公無渡河歌」에서 시작된 이별/사별의 문학 전통은 두 해에 걸쳐 딸과 아들을 잃은 비통한 마음을 그린 허난설헌의 「곡자哭子」와 같은 한시로도 이어졌고, 애도문·제문과 같은 특별한 양식적 전통과 관습을 만들어 내기도 했다.

혈육의 사별이 어찌 과거의 문제이기만 하겠는가? 정지용의 「유리창」, 김광균의 「은수저」, 박목월의 「이별가」 등은 물론이고 기형도의 「가을 무덤: 제망매가」 등도 가까운 이의 죽음을 다룬 빼어난 작품으로 손꼽힌다. 특히 김현승의 「눈물」을 비롯한 여러 작품들이 혈육의 사별이라는 극한의 슬픔을 절대자에 대한 경건함을 통해 극복하려 했던 만큼, 종교적 승화라는 문제 해결 방식이 「제망매가」에 한정된 특별한 것이라 하기도 어렵다.

그렇다면 「제망매가」의 아름다움은 어디에 있을까? **10구체 향가**라는 장르가 이 물음에 대한 하나의 해답을 제공해 준다. 흔히 10구체 향가라고 하면 10줄로 된 향가 형식의 하나 정도로 이해하거나, 혹은 4구체, 8구체와 구별하여 '사뇌가詞腦歌'라는 특별한 이름을 덧붙이곤 한다. 그런데 주목할 점은, 단순히 10줄로 되어 있지 않고 4줄, 4줄, 2줄로 된 3단으로 전개되며, 한시의 기승전결起承轉結과는 구별되는, 기起–서敍–결結

의 독특한 시상 전개 방식이라는 사실에 있다.

이러한 **3단 구조**는 단순히 부분을 구획하는 차원을 넘어서서 사상과 감정을 진술하고 전개하는 효과적인 장치로 작동한다. 시상詩想을 펼쳐 낼 때는 기계적으로 행 단위로 종결하는 것이 아니라 정서의 흐름과 전체적인 유기성 속에서 특별한 의미의 단위로 구현하게 되는데, 3단 구조는 이러한 의미 단위의 대표적인 방식인 것이다.

「제망매가」는 3단 구조를 바탕으로 조직된 작품이다. 작품 전체는 3단 구조를 바탕으로 세 개의 문장으로 구성되어 있는데, 1~4행에서는 누이가 길을 떠나고(떠남), 이어 5~8행에서는 내가 남게 되었음(남음)을 토로하고 있다. 9~10행에서는 이러한 단절에서 비롯된 슬픔을 누이와의 재회(만남)에 대한 기약으로 승화하고 있다.

함께하던 누이가 갑자기 죽어 떠나고 나만 남게 되었을 때의 절망감을 기대와 희망으로 바꾸는 일이 어떻게 가능할까? 이러한 인식의 전환을 위해서 필요한 것이 바로 9행의 감탄사 "아아"이다. 10구체 향가의 대표적인 장르적 표지標識로, 3단 구조에서 시상의 전환과 마무리를 위한 효과적인 장치가 되고 있다. 이에 힘입어 절망에서 빠져나와 희망과 기대로 나아갈 수 있었던 것이다.

3단 구조에 따른 「제망매가」의 특별한 구성과 조직의 효과는 여기에 그치지 않는다. 첫 단락에서는 누이가 길을 떠난 '과거'를, 둘째 단락에서는 나만 남게 되는 '현재'의 정황을 진술하고 있다. 마지막 단락에서는 우리가 만날 '미래'의 일이 그려지고 있다. 뿐만 아니라 맥락상의 주체가 각각 '너'에서 '나'로, 그리고 '우리'로 변화하며, 시제 또한 '과거'에서 '현재', '미래'로 옮겨지고 있다. 이에 따라 누이(너)의 죽음에서 촉발된 사건(과거)이 화자(나)의 슬픔을 불러오지만(현재), 누이와 나(우리)의 재회라는 기대(미래)로 이겨 낼 수 있었다.

　혈육의 죽음을 애통해하는 여타의 노래들과 구별되는 지점도 바로 여기에 있다. 10구체 향가의 3단 구조를 활용하여 너와 나, 우리로 바꿔 가면서, 그리고 과거에서 현재, 미래로 옮겨 감으로써 누이의 죽음이 불러일으키는 비애와 절망에 함몰되지도 않고, 낭만적 감상에 떨어지지도 않은 채 건강하게 극복해 나갈 수 있었던 것이다.

　누이의 죽음에 대한 슬픔, 죽음에 대한 두려움, 인생에 대한 무상감無常感과 같이 한 인간으로서 작자 월명사月明師의 숨김없는 모습과 함께, 미타찰을 지향하면서 비통함을 이겨 내는 도인으로서의 모습이 어색하지 않고 자연스럽게 전달되는 것[10]도 이러한 10구체 향가의 형식에 힘입은 바가 크다. 누이의 죽음에 대한 개인적 고통(1~4행)이 점차 생명적 존재 일반의 무상성에 대한 고뇌로 확대되고(5~8행), 낙구落句 머리 부분의 감탄사를 통해 정서적 고양과 초극(9~10행)에 이르는 과정[11]이 차근차근 전개되고 있다.

죽음은 인간 존재의 유한성을 마주하게 되는 결정적인 장면이다. 어찌 보면 인간 존재는 매일매일 죽음을 향해 다가가고 있으며, 사별은 예정된 일임에도 불구하고 마땅히 극복할 방법을 찾기가 힘든 것도 사실이다. 그러하기에, 지금도 수많은 작가들에 의해 다양한 빛깔의 예술로 표현되고 있다. 누군가는 시로, 음악으로, 또 누군가는 웹툰과 영화로 각자 다양한 장르와 형식 속에 담아내고 있다.

이처럼 너무나 익숙한 주제인 죽음을 다루면서도 「제망매가」가 특별한 감동을 불러일으킬 수 있는 것은, 10구체 향가의 세련된 3단 구조에 그 비밀이 있다. 10구체 향가라는 장르가 비애와 절망에서 재회에 대한 기대와 승화로, 작품의 전개는 물론 독자의 마음까지도 이끌고 있는 것이다.

시공을 초월한 장르의 힘
- 「제망매가」를 리메이크한 「님의 침묵」

    그렇다면 이러한 3단 구성은 과거 향가 장르에만 국한된 것일까? 향가라는 역사적 장르는 고려 이후에 소멸되었지만 내용 생성과 조직의 힘은 시조로,[12] 현대시로 계속하여 이어지고 있다. 시조의 초·중·종장의 3장 구조는 물론이거니와, 자유로운 시행 구성이 돋보이는 현대시에서도 그 흔적이 쉽게 목격된다.

    님은 갔습니다 아아, 사랑하는 나의 님은 갔습니다
    푸른 산빛을 깨치고 단풍나무 숲을 향하여 난 작은 길을 걸어서 차마 떨치고 갔습니다

황금의 꽃같이 굳고 빛나던 옛 맹세는 차디찬 티끌이 되어서 한숨의 미풍에 날아갔습니다

날카로운 첫 키스의 추억은 나의 운명의 지침을 돌려놓고 뒷걸음쳐서 사라졌습니다

나는 향기로운 님의 말소리에 귀먹고 꽃다운 님의 얼굴에 눈멀었습니다

사랑도 사람의 일이라 만날 때에 미리 떠날 것을 염려하고 경계하지 아니한 것은 아니지만, 이별은 뜻밖의 일이 되고 놀란 가슴은 새로운 슬픔에 터집니다

그러나 이별을 쓸데없는 눈물의 원천으로 만들고 마는 것은 스스로 사랑을 깨치는 것인 줄 아는 까닭에 걷잡을 수 없는 슬픔의 힘을 옮겨서 새 희망의 정수박이에 들어부었습니다

우리는 만날 때에 떠날 것을 염려하는 것과 같이 떠날 때에 다시 만날 것을 믿습니다

아아, 님은 갔지마는 나는 님을 보내지 아니하였습니다

제 곡조를 못 이기는 사랑의 노래는 님의 침묵을 휩싸고 돕니다

이 시는 한용운의 「님의 침묵」으로, 「제망매가」와는 천년 이상의 시간적 거리를 지닌 작품이다. 물리적인 시간만큼이나 일제 강점기의 시대 배경 또한 적지 않은 차이를 나타낸다. 작품 내적으로 보더라도 이별의 대상과 계기가 분명치 않고, 한 행을 구성하는 길이도 전체적으로 길며, 여성적 어조와 경어체의 표현이 사용되고 있어 「제망매가」와 상당히 달라 보이기까지 한다. 기승전결의 4단 구성으로 읽어 내려 한 여러 시도에서 보건대 짜임새에도 차이가 있어 보인다.

그러나 이 작품 또한 「제망매가」와 마찬가지로 10행으로 되어 있으며, 전체적으로 '님'과의 이별이 가져오는 슬픔과 고통, 이를 극복하려는 의지, 그리고 임과의 재회에 대한 믿음으로 내용이 펼쳐지고 있다는 점에 주목할 필요가 있다. 님이 떠난 상황과 슬픔에 함몰되지 않고 이를 희망으로 역전시키고 있으며, 재회에 대한 믿음이 9행의 감탄사 "아아"를 통해 이끌려 나온다는 점은 「제망매가」와 정확히 오버랩된다.

특히 1행의 "님은", 5행의 "나는", 8행의 "우리는"은 「제망매가」의 너, 나, 우리를 떠올린다. 1~4행에서 님이 나를 떨치고 떠났고, 그로 인한 나의 슬픔과 희망이 5행에서 8행까지 펼쳐지고 있다. 9행의 "님은 갔지마는"이 1~4행의 이별 상황을 요약한 것이라면, "나는 님을 보내지 아니하였습니다"는

5~8행에 담긴 마음과 자세를 노래한 것이라 할 수 있다.[13] 이러한 역설적 인식에 힘입어 마침내 님을 향한 영원한 사랑을 다짐하는 데 이르게 된다.

이별의 슬픔을 새로운 만남의 희망으로 전환하는 것은 분명 쉽지 않다. 그럼에도 불구하고 시를 따라가다 보면 이러한 전개와 전환이 자연스럽게 받아들여지게 되는 것은 윤회輪廻나 연기緣起와 같은 불교 사상뿐만 아니라, 10구체 향가와 같은 내용 구성과 조직에서도 그 이유를 찾을 수 있다. 작품 곳곳에서 먼 과거의 노래, 「제망매가」의 흔적을 찾아볼 수 있으며, 이는 3단 구조라는 향가의 장르가 우리 의식 깊이 자리 잡고 있음을 보여 주는 증거라 할 수 있다. 이처럼 장르는 시간과 공간, 작품과 작품 사이를 넘나들면서 문학을 만들어 낸다.

Class 3.

장르 사용 시 유의 사항

나도 장르 '사용자'가 될 수 있을까?

언어 선택에 따라 장르적 느낌도 달라진다?

주관성과 객관성, 구어성과 문어성 사이

다음에 제시하는 자료는 고양특례시 덕양구청 누리집의 알림마당에 올라온 홍보물이다.[1] 하나의 게시물이지만 편의상 홍보 문구와 그림이 함께 구성된 부분을 (가)로, 그 아래 설명 부분을 (나)로 표시했다. 이 게시물에서 (가)와 (나)는 함께 제시되어 있으므로 하나의 텍스트를 구성하는 요소로 볼 수 있으나, (가)는 상황에 따라 (나) 없이 단독으로 다른 공간에 게시되어 사용될 수 있으므로 구분되는 텍스트이기도 하다.

(가)

(나)

알림마당 > 새소식

핫플 빔리단길에서 즐기는 쏠쏠한 재미, '보넷길마켓' 구경오세요!

소상공인지원과 | 2024.09.01 09:45:36 | 조회수: 1303

　　고양시는 '밤가시공원'(일산동구 일산로 380번길 36)에서

수제품 작가 프리마켓인 「보넷길마켓」을 24년 9월 7일(토)부터 11월 3일(일)까지 운영합니다.

운영 일시는 매주 토, 일요일 11시부터 4시까지이며, 추석 연휴인 9월 14일 및 15일은 운영하지 않습니다.

「보넷길마켓」은 고양시가 개설한 수제품 직거래 장터로
가방, 액세서리, 식기, 도자기 등 다양한 수제품이 판매됩니다.
여기에 9월 7일과 10월 5일 오후 1시에는 '고양버스커즈' 소속 음악팀인
'최과장프로젝트', '엔틱문' 등의 공연으로 즐기는 재미도 맛볼 수 있습니다.

올가을, 도심 속 맛집과 개성 넘치는 카페에서 여유를 만끽하고,
마켓에서 구경하는 재미와 뜻밖의 득템 기회도 누리세요.
더불어 음악 공연을 감상하며 즐거운 시간을 보내시길 바랍니다.

「핫플 밤리단길에서 즐기는 쏠쏠한 재미, '보넷길마켓' 구경오세요!」 고양특례시 덕양구청 누리집

홍보물은 읽거나 보는 사람들의 주의를 끌고 흥미를 자아낼 수 있어야 한다. 동시에 정부나 지방 자치 단체에서 운영하는 홍보물은 일정 수준 이상의 격식성을 갖출 것이 요구되기도 한다. (가)와 (나)에는 이러한 이중의 요구가 언어적으로, 기호적으로 구현되어 있으며, 그 과정에서 상이한 성격을 지닌 문법적 장치가 함께 사용되며 복합적인 장르적 특성을 보이고 있다. 이른바 **다중 장르적 텍스트**[*2]의 성격을 잘 보여 준다.

> **★ 다중 장르적 텍스트**
> 냅과 왓킨스(Knapp & Watkins)가 『장르, 텍스트, 문법』에서 제안한 개념으로, 하나의 텍스트 안에 다양한 장르가 포함된 상태를 가리킨다. 주장하는 글 속에 설명하기가, 설명하는 글 속에 주장하기가 포함될 수 있음을 예로 들 수 있다. 한 텍스트 안에 여러 장르가 담길 수 있다는 생각은 텍스트의 복합적 성격을 포착하고, 장르의 경계를 넘나드는 텍스트의 특성을 설명하는 데 유용하다.

(가)는 (나)에 비해 상대적으로 주관적이고 구어적口語的인 특성을 보인다. '핫플', '득템', '덤'은 비격식적인 구어 상황에서 많이 사용되는 어휘다. 이러한 어휘를 사용하면 글의 주관성, 구어성이 높아지는 느낌이 난다. "구경은 공짜, 득템은 덤~!"도 구어적이다. "구경은 공짜이고, 득템은 덤입니다."와 같이 서술격 조사 '~이다'를 붙인 문장과 비교해 보면 문어성 文語性이 낮음을 금방 알 수 있다. '핫플'에서 시작하여 '덤'으로

이어지는 글자의 모양 역시 자유롭고 비격식적이다. '덤' 옆에 사용한 물결표(~)는 비격식적인 온라인 상황에서 많이 사용하는 기호로, 이 역시 글의 구어성을 높이는 데 기여한다.

하지만 (가)의 모든 요소가 비격식적이고 구어적인 것은 아니다. '장소', '일시', '품목', '주최/주관'과 같은 어휘는 공공 기관의 격식적인 홍보물에 일반적으로 사용된다. "※추석연휴 9/14(토), 9/15(일) 미운영"에서처럼 '※' 표시를 하고 유의할 점을 제시하는 것도 격식적 홍보 텍스트에서 흔히 사용하는 방식이다. '미운영'이라는 단어 역시 격식성이 높은 단어이다.

(가)에 사용된 어휘, 절의 구조, 문장 부호, 텍스트의 구조 등을 살펴보면 격식성과 비격식성이 혼합되어 있음을 알 수 있다. 물론, 이러한 방식의 효과는 별개 문제이다. 이러한 전략이 효과적인 경우도 있고 그렇지 않은 경우도 있다. 이는 구체적 맥락을 좀 더 상세히 살펴봐야 확인할 수 있다.

여기서 말하고자 하는 것은, (가)와 같은 홍보물들에는 '흥미'와 더불어 '격식'도 갖춰야 한다는 이중적인 요구가 존재하고, 이러한 홍보물에 사용된 언어 표현을 분석해 보면, 이러한 이중의 요구에 부응하기 위해 **언어적 장치**들을 선택하는 과정을 읽어 낼 수 있다는 것이다. 그 결과 (가)에는 주관성과 객관성이, 구어성과 문어성이, 비격식성과 격식성이 공존하게 되었다.

이에 비해 (나)는 전반적으로 객관적, 문어적 성격을 지녔다. 이는 공공 기관에서 특정 행사를 안내하는 전형적인 문장의 특성을 보여 주는데, 주어·서술어·목적어와 같은 문장 성분이 갖추어져 있고, "24년 9월 7일(토)부터 11월 3일(일)까지"와 같이 기간을 나타내는 부사어도 사용되었다. 제공해야 하는 정보를 빠뜨리지 않고, 필요한 문장 성분을 갖춘 문장을 사용하고 있다. '운영'이라고 명사로 끝맺지 않고, '운영하다'라는 용언을 사용하여 문장을 끝맺고 있다.

(가)에서 "쏠쏠한 재미"라고 표현했다면, (나)에서는 "…공연으로 즐기는 재미도 맛볼 수 있습니다."라고 표현하고 있다. '재미'와 같이 명사로 끝맺는 것보다는 (나)와 같이 재미를 목적어로 삼는 서술어까지 사용하여 표현하는 것이 더 격식적인 느낌을 준다. '있습니다'에서 '습니다'는 상대 높임법 차원에서 보면 격식체의 아주 높임에 해당하므로, 친근한 표현이라기보다는 격식 있는 표현이라 할 수 있다.

물론 (나)의 모든 문장들이 격식적이기만 한 것은 아니다. 문장이 끝나는 곳이 아닌 부분에서 줄 바꿈을 하고 있고, 어휘의 사용도 시작 부분보다는 끝부분에서 더 구어적인 느낌이 난다. 글이 끝날 무렵에 나오는 "뜻밖의 득템 기회"라는 표현은 상당히 구어적인 느낌을 준다. '득템'은 (가)에서 '핫플' 등과 함께 사용되었던 단어인데, (나)에서는 '핫플'은 사용하지 않고 '득템'은 글의 말미에 사용했다. 전체적으로 보아 (나)는 (가)에 비해 객관적, 문어적이고, (나) 자체만을 보면 뒤로 갈수록 구어적인 특성이 조금씩 드러난다.

장르에 따라 언어적 선택이 달라지는 것도 사실이지만, 어떤 언어를 선택하느냐에 따라 장르적 성격이 달라지는 것도 사실이다. (가)와 (나)는 언어적 선택이 장르적 느낌과 연동되어 있음을 보여 준다.

66 장르와 언어의 관계

(가) 그 단체는 ○○ 씨를 후원했었다.
(나) 그 단체는 ○○ 씨를 후원한 바 있다.

(가)와 (나)는 내용상으로는 큰 차이가 없는 문장이다. 차이가 있다면 '-었었-'을 썼느냐, '-ㄴ 바 있-'을 썼느냐 하는 것이다. '후원했었다', '후원한 바 있다'의 의미가 완전히 동일하다면, 의미가 완전히 동일한 두 언어 형태가 공존하는 것은 잉여적 현상일 것이다. 물론, 의미가 완전히 동일하지는

않다. 그렇다면 어떤 차이가 있을까?

'-었었-'과 '-ㄴ 바 있-'의 차이는 일견 사소해 보일지 모르나, 실제로는 사소하지 않다. 제민경 교수의 연구에 따르면, '-었었-'은 "사건을 경험하여 독자에게 설명하고자 하는 화자의 의도와 맞물려" 있고, '-ㄴ 바 있-'은 "관찰자이자 사건을 조망하는 자로서 텍스트의 정보를 자신의 관점에 따라 배치하는 역할"과 관련된다.[3]

'-ㄴ 바 있-'의 기능은 복합적이다. 언뜻 보아서는 객관적인 느낌이 난다. '했었다'라고 하는 것보다는 '한 바 있다'라고 하는 것이 더 문어적인 느낌을 주고 객관적인 것처럼 느껴지게 한다. 물론 문어적인 것은 맞다. 하지만 객관적이라는 의미는 한 번 더 곱씹어 볼 필요가 있다. 사건의 외부에서 사건을 바라본다는 점에서는 객관적 성격을 지니지만, 정보를 재배치하여 제시한다는 점에서는 특정한 관점이 담겨 있다고 볼 수 있다. 제민경 교수는 '-ㄴ 바 있-'에 대해 "과거시 자체에 관여하지 않으면서도 화자가 사건에 대해 지니고 있는 모종의 시각을 내재화하여 전달하는 효과적인 수단이 되고 있다."[4]라고 지적했다. '-ㄴ 바 있-'이 사용된 문장은 비판적 읽기가 가능하고, 또한 필요함을 알 수 있다.

'-었었-'을 쓰든 '-ㄴ 바 있-'을 쓰든 문장에 담긴 내용

자체가 달라지지는 않는다. 하지만 그것을 전달하는 방식, 태도, 관점은 달라진다. 미묘한 문제지만 사소한 문제는 아니다. 그래서 장르 문법 계열의 일련의 연구들에서는 텍스트에 사용된 문법을 읽어 내고자 한다. **문법을 읽어 내는 일**은 언어적 장치가 수행하는 형태적, 통사적 기능만을 이해하는 것이 아니라, 언어가 가지고 있는 힘이 텍스트를 통해, 장르를 통해, 사회·문화적으로 어떻게 작용하는지를 이해하는 과정이다.

언어적 장치는 의미가 드러나는 형식적 장치로서 부분적이고 말단에 존재하기 때문에 일견 꼬리처럼 보일 수 있다. 하지만, 텍스트를 통해 드러내고자 하는 의미, 즉 몸통과 직결된다. 문법으로 텍스트를, 장르를 읽어 내려는 일련의 시도들[5]을 보면 언어적 장치는 꼬리라기보다는 텍스트를 이해하는 핵심 단서에 가깝다. 언어적 장치는 텍스트와 장르를 이해하기 위한 핵심 열쇠이다.

급변하는 시대, 장르는 어떤 모습일까?

66 이것도 시가 될 수 있을까?

_____

아래 자료를 보자. 주변에서 흔히 볼 수 있는 메뉴판의 모습이다.

-MENU-

샤를르 보들레르　　800원
칼 샌드버그　　　　800원
프란츠 카프카　　　800원

이브 본느프와　　 1,000원

에리카 종   1,000원

가스통 바슐라르   1,200원
이하브 핫산   1,200원
제레미 리프킨   1,200원
위르겐 하버마스   1,200원

시를 공부하겠다는
미친 제자와 앉아
커피를 마신다.
제일 값싼
프란츠 카프카

— 오규원, 「프란츠 카프카」 전문

그런데 내용을 자세히 살펴보면, 'MENU'라는 말 아래 유명한 문학 이론가, 사상가, 경제학자 등의 이름과 천 원 남짓 되는 가격들이 매겨져 있다. 음료나 음식이 있어야 할 자리에 문학가를 비롯한 유명한 인물들이라니⋯. 이것도 시가 될 수 있을까?

일반적인 시의 장르 범주에서 이탈하여 이러한 표현 방식을 사용하는 까닭은 무엇일까? 작자 오규원의 말에 따르면, 여러 문학가와 철학자의 이름에 가격을 매겨 놓은 기법은 **인용적 묘사**에 해당한다. 그렇다면 어떤 대상을 인용한 것이 될 터인데, 문제는 이러한 대상이 예술적 창작보다는 우리 주변의 일상에서 흔히 볼 수 있는 기성품에 가깝다는 데에 있다. 문학가와 철학자가 상품화되는 현실을 드러내고 폭로함으로써, 정신적 가치가 외면당하고 철저히 물질화되고 있는 현대 사회를 비판하고 있는 것이다. 일상에서 흔히 접할 수 있는 여러 사물을 통해 인간도, 문학도, 사상도 모두 상품화되는 물질만능주의를 문제 삼고 있다.

특히나 메뉴판 가장 상단에 범주화되어 있는 이들은 시인, 소설가인데, 이들 가격이 철학자나 사상가보다도 낮게 책정되어 있는 장면[6]에 이르면 씁쓸한 마음마저 든다. 이 시대에 "시를 공부하겠다는 미친 제자"와 함께 마시는 프란츠 카프카가 가장 값싸다는 것에서, 물질만능의 현대 사회에서 시인이 처한 상황과 시가 경시되는 현실을 보게 된다.[7]

아래 작품은 여기서 더 나아간다.

1983년 4월 20일, 맑음, 18°C

토큰 5개 550원, 종이컵 커피 150원, 담배 솔 500원, 한국일보 130원, 짜장면 600원, 미스 리와 저녁 식사하고 영화 한 편 8,600원, 올림픽 복권 5장 2,500원.

표를 주워 주인에게 돌려
준 청과물상 金正權(46)

령=얼핏 생각하면 요즘
세상에 趙世衡같이 그릇된

셨기 때문에 부모님들의 생
활 태도를 일찍부터 익혀 평

가하는 것이 더욱 중요한 것
이다. (李元柱군에게) 아

임감이 있고 용기가 있으니
공부를 하면 반드시 성공

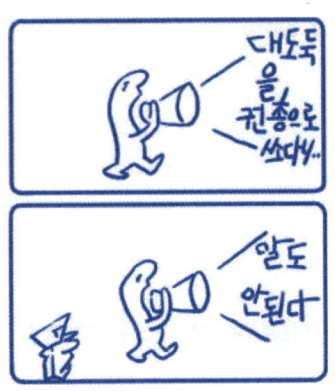

대도둑은 대포로 쏘라

―― 안의섭, 두꺼비

(11) 第10610號

▲일화15만엔(45만원) ▲5·75캐럿물방울다이어1개(2천만원) ▲남자용파텍시계1개(1천만원) ▲황금목걸이 5돈중1개(30만원) ▲금장로렉스시계1개(1백만원) ▲5캐럿에머럴드반지1개(5백만원) ▲비취나비형브로치2개(1천만원) ▲진주목걸이꼰것1개(3백만원) ▲라이카엠5카메라1대(1백만원) ▲청자도자기3점(싯가미상) ▲현금(2백50만원)

너무 巨하여 귀퉁이가 안 보이는 灰의 왕궁에서 오늘도 송일환씨는 잘살고 있다. 생명 하나는 보장되어 있다.

- 황지우,「한국생명보험회사 송일환씨의 어느 날」전문

「한국생명보험회사 송일환씨의 어느 날」이라는 장황한 제목도 이상하거니와, 한눈에 봐도 우리가 생각하는 시의 형태와는 상당히 다른 모습이다. 전체적인 구성도 낯설어 그 내용과 의도를 파악하기가 쉽지 않다.

처음 1, 2연을 보면, 일기를 연상케 하는 날짜, 날씨와 같은 간략한 일상의 메모가 기록되어 있고, 하루 동안 지출한 돈을 간략히 적어둔 듯하다. 그러고는 3연부터 9연까지 갑자기 신문 기사의 내용이 펼쳐진다. 자세한 내용은 알기 어렵지만, '김정권金正權', '조세형趙世衡', '이원주李元柱' 씨의 이야기가 적혀 있다. 평범한 인물의 미담 사이에 '조세형'이라는 대도大盜를 넣어 두고 있는 게 특별하게 다가온다. 이때 갑자기 신문만평漫評을 집어넣어 조세형을 체포한 경찰을 조롱하는 장면을 보게 된다. 곧이어 "(11) 第10610號"라는 표현 아래, 조세형이 훔친 물건의 리스트가 등장한다. "일화15만엔(45만원)", "5.75캐럿물방울다이어1개(2천만원)", "남자용파텍시계1개(1천만원)"등과 같이 신문 기사의 한 부분이 그대로 제시되고 있다. 그러다가 "너무 巨(거)하여 귀퉁이가 안 보이는 灰(회)의 왕궁"인 생명보험 회사에서 생명 하나는 보장받으면서 잘 생활하고 있는 송일환 씨를 언급하며 작품은 마무리된다.

    이처럼 신문 기사의 여러 부분들을 잘라서 붙인 것도 시가 되고 있다. 시라는 장르의 경계는 도대체 어디까지이고, 이러한 변화를 어떻게 받아들여야 할까?

❝ 장르에 대한 도전과
  진화하는 장르

"자연이나 인생에 대하여 일어나는 감흥인 사상 따위를 함축적이고 운율적인 언어로 표현한 글"이라는 시詩의 일반적인 정의에 비춰 볼 때 앞의 작품들은 시의 범위에서 상당히 벗어나 있다. 시인의 내면이나 감정이 제대로 드러나 있지 않고, 독창적인 표현도 발견하기 어렵다. 이미 존재하는 여러 텍스트들을 쪼개고 잘라서 새롭게 배치하는 것에 불과하다고 폄하할 수도 있겠다.

현실을 비판하려면 무엇보다 부정적 현실을 핍진逼眞하게 드러내야 할 텐데, 이들 작품에서는 오히려 자세한 묘사 대신 콜라주나 몽타주와 같이 일상 속 텍스트를 오려 붙이는 방식을 채택하고 있다. 이 점을 눈여겨보자.

황지우의 시는 시사만화와 신문 기사를 편집하는 방식으로 부정적 현실에 대한 폭로를 시도하고 있다. 이러한 방식은 아마도 문명이나 현대 사회를 비판하면서 억압이나 인습에 얽매이지 않는 진정한 자유의 세계를 추구하다 보니, 시라는 장르적 규약마저도 넘어서고자 했던 데서 비롯된 것이라 할 수 있다. 시가 지닌 정형화된 틀과 관습을 깨뜨리고 새로운 의미를 담아내기 위해서는 이전과 다른 자유로운 형태가 요구되었던 것이다.

장르는 작가와 독자 사이의 사회적 약속으로, 작가에게는 표현과 조직의 틀로, 그리고 독자에게는 작가의 생각과 의도를 추적하는 통로로 작동한다. 장르에 힘입어 내용을 일정한 형식 속에 담아 표현할 수도 있고, 형식 속에 담긴 내용에 쉽게 접근할 수도 있다. 장르는 보증된 상품을 기다리고 있는 고객에게 전달되는 특정한 공식들의 그물망에 빗대어지기도 한다. 장르라는 약속된 형식 속에서 작품은 만들어지고 전달되기 때문이다. 이처럼 장르가 작가와 독자 사이에 암묵적으로 합의된 규약이라고 한다면, 어느 한편에서 일방적으로 깨뜨릴 수 없음은 물론이다. 그런데 앞의 경우와 같이 기존의 장르와는 다른 방식으로 표현되는 작품들도 자주 만나 볼 수 있다.

기존의 장르를 뛰어넘어 새로운 방식으로 표현하여 드러내는 것은 현대 사회에서 흔히 볼 수 있는 현상이다. 이러한 변화를 가리켜 기어츠Geertz는 **경계가 흐려진 장르**★라 칭하면서, 여러 장르를 넘나들면서 서로 뒤섞이는 현상이 오늘날 문화 현상에 광범위하게 일어나고 있음을 알렸다. 실제로 일상의 사물이나 복제품이 예술의 영역으로 들어오고 있고, 테크놀로지가 화려한 예술의 차원으로 초대받고 있다. 평범한 남성용 소변기가 마르셀 뒤샹Marcel Duchamp에 의해 '샘Fountain'이라는 이름의 예술 작품이 되었을 때의 충격을 매일 경험하고 있는 것이다. 지금 이 순간에도 작가들의 개성 넘치는 발상은 문학적 전통과 장르적 관습에 대한 순응을 거부하고 새로운 장르와 표현 방식을 끊임없이 만들어 내고 있다.

기존의 장르적 관습을 뛰어넘는 여러 시도가 계속되어

> ★ **경계가 흐려진 장르**
> (Blurred Genres)
>
> 사회의 변화와 매체의 발달에 따라 기존의 전통적인 장르들이 서로 혼합되고 뒤섞이면서 장르 간의 경계가 허물어지는 것을 가리킨다. 문학의 경우에도 장르 간의 경계를 허물고 변형하여 시, 소설, 희곡과 같은 전통적인 양식에서 벗어난 새로운 장르들이 만들어지고 있다. 문학 이외의 다른 예술을 차용하고 이에 접목한 새로운 양식들도 끊임없이 시도되고 있다.

누적되고 많은 이의 공감을 얻게 되면, 기존의 지배적 장르는 흔들리다가 허물어지고 마침내 소멸하는 경로를 밟는다. 그리고 또 다른 장르가 출현하여 새로운 사상과 감정을 새로운 형식과 형태로 담아내게 된다. 일찍이 향가, 고려 속요, 경기체가, 시조, 가사가 그러했고, 지금의 현대 시, 현대 소설 또한 이러한 과정을 거쳐 왔다.

지금 이 순간에도 기존의 장르를 뛰어넘으려는 여러 도전과 시도가 계속되고 있다. 이러한 노력 덕분에 장르는 고정되지 않고 끊임없이 변화하고 또 진화한다.

좋은 '장르 사용자'가 되는 법

66 장르 넘어서기

'학술 논문' 장르라고 하면 어떤 인상이 떠오르는가? 일반적으로 학술 논문이라고 하면 '서론 - 선행 연구 - 연구 방법 - 연구 내용 및 결과 - 결론 - 참고 문헌'의 엄격한 구조로 이루어진, 최대한 객관적이고 논리적인 언어만을 사용한 텍스트를 떠올리게 마련이다. 그런데 2023년 인터넷 밈을 활용하여 결론을 집필한 석사 학위 논문 한 편이 SNS에서 화제가 되었다.[8]

학술 논문에 (그것도 학위 논문에!) 인터넷 밈을 사용하는 것은 연구자의 신뢰성이나 논문의 권위를 손상시킬 수 있다는 점에서 이러한 글쓰기 방식이 학술 논문 장르에 대한 몰이

빻고다. 데이터 알고리즘에 따라서 빠르게 널리 퍼지기를 목표로 하는 바이럴 마케팅 전략은 밈화를 상업적으로 전유한다. 조회수를 끌어모으고자 내용물과 전혀 상관없는 낚시성 제목을 달거나, 자극적인 음담패설, 커뮤니티에서 생성하는 가짜 게시물의 무분한 유통을 통해 이미지를 불법으로 퍼가는 방식으로 복제하고 재생산한다. 또한 논란이 되는 게시물을 일부러 올려 유저 사이에 분쟁을 일으키거나 거기서 사회적 통념에 기댄 해결책이 나오도록 유도해, 다시금 사회적 통념을 재생산한다. 데이터 알고리즘은 해당 게시물을 클릭하는 순간 비스름한 또 다른 게시물을 추천하고 그것이 계속 매개되는 루프가 형성되게끔 한다. 그로 인해 SNS 타임라인은 같은 이미지가 되풀이되는 순환되는 스펙터클에 갇혀만 한다. 놀이문화가 소멸하고 오히려 있는 것을 또다시 보게끔 하는 무한한 중복된 이미지가 들어오게 된다. 히토 슈타이얼에게는 이러한 순환 아래서 위탁적인 이미지인 가난한 이미지가 생기는 것이 희망이었을 것일 테지만, 전유된 가난한 이미지는 저항성을 상실하고 통치 수단으로 전락한다. 바이럴 광고는 합성 소스만을 복제하고 있으며, 이미지를 도배 때 밈 이미지를 알고리즘 밖으로 밀어내기에 이른다. 이에 이어서 최근 스케치 코미디에서 이루어지고 있는 일상의 전복으로의 패러디가 아니라 일상의 반복으로의 패러디도 문제시된다. 문제 상황의 재구성이 아니라 일상 생활의 과장과 희화화를 통한 반복에 불과하다. gif가 그려하듯 문화는 전부인 이미지가 반복되는 무한 루프에 간혀버린다. 이는 중복을 금지하는 인터넷 밈 문화의 규칙이 무너진 것을 드러낸다. 바이러스적인 바이럴 광고의 전염은 웃음과 놀이를 계권들했다. 인스타그램 환경에서 유저는 파편화된 이미지로 흩어졌고 그 안에서는 밈화로 인한 놀이문화가 잘 형성되지 않는다. 또한 주어진 형식에 따라서 그 안에 자신을 이입해서 놀기에 형식을 파괴하는 놀이문화는 형성돼나지 못하는 숏폼 콘텐츠가 유행하고 있다. 다만 놀이문화의 가능성은 여전히 남아 있다. <무한도전>에서 파생된 무도머니터 밈 이미지는 이를 드러낸다. 뉴진스의 <Attention>과 <탈권 매머딕(2022)> 등 콘텐츠가 사실은 무한도전을 표현한 것이라는 장난을 통해서 계속 현재형으로 생산되는 콘텐츠에 기생해 재생산될 수 있다. 무도머니터는 데이터 알고리즘의 스펙터클을 전유한다. 본 연구에서도 밈 이미지는 바이러스적으로 산재해 있다. 밈 이미지를 계속 텍스트에 기입해 독자를 놀이문화에 참여하게 하는 것은 그 나름의 저항 전략이다. 또한 죽은 밈을 기억하는 것도 마찬가지다. 스펙터클로 인해 박탈된 놀이문화를 기억하는 것은 밈 이미지를 공공재로 남게 한다. 본 연구도 어쩌면 하나의 거대한 밈이라고 할 수 있다. <사진18>의 밈 이미지를 첨부하며 이 세상의 모든 굴레와 속박, 행복이 무엇인지 질문하면서 본 연구를 마치고자 한다.

- 83 -

김경수(2023), 「한국 인터넷 밈의 계보학: 〈야인시대〉 밈 이미지에 대한 매체적 연구」, 연세대학교 대학원 석사 학위 논문, 83쪽.

해의 산물이라고 판단할 수도 있을 것이다. 그러나 해당 논문이 '인터넷 밈'을 주제로 삼았고, 효과적인 언어 소통 수단이자 동시에 '기획된 어설픔'을 통해 재미를 유발하는 밈의 가치를 논구하고 있다는 점을 고려할 때, 이는 연구 주제를 부각하기 위한 필자의 전략적인 선택이라고 보는 것이 더 합당하다. 장르가 텍스트 그 자체를 넘어 이해와 표현 행위를 둘러싼 맥락에 관한 것이라고 한다면, 좋은 장르 사용자가 되기 위해서는 이 맥락을 이해하고, 해당 장르 안에서의 수사적 선택이 해당 맥락과 장르 참여자에게 효과적인 것인가를 판단하여 주체적으로 선택하는 능력을 갖추어야 한다.

조금 더 나아가 보자. '공공 기관 홍보물' 장르는 어떨까? 좌측 상단이나 하단에 정부 기관 로고가 있고, 정형화된 틀 속에서 각종 정보들이 나열된, 안 읽어도 읽은 듯한 '재미없는' 느낌이 가장 먼저 떠오르지는 않는가? 만일 그렇다면 그것은 우리가 이미 알고 있는 '공공 기관 문서'라는 장르에 대한 인식이 그렇게 굳어져 왔기 때문이다. 그런데 우리의 그런 고정관념을 깬 공공 기관 홍보 자료가 2016년 온라인에 처음 등장했다.

당시 충주시 홍보 담당자가 충주시 계정 SNS에 올렸던 게시물이 바로 그것이다. 해당 게시물의 댓글에는 "공무원 발

고구마 **구우면** **마시쩡**	옥수수 털어도 돼요? 털지 말고 잡수세요 살미 옥수수

충주 산척면 고구마 축제 포스터에 홍보 문구로 쓰인 '고구마' 3행시 (왼쪽)와 충주시 살미면 옥수수 홍보 포스터의 문구(오른쪽)[9]

> "공무원도 도핑테스트?"...충주시 파격 포스터 화제
> -뉴시스

> "원 댓글 쓰리 옥수수" "이젠 털지 말고 잡수세요"
> ...충주시 '파격 홍보물' 인기
> -조선일보

충주시 홍보 포스터에 대한 네티즌들의 반응을 다룬 『뉴시스』[10]와 『조선일보』[11]의 기사 헤드라인.

상이 맞느냐. 도핑 테스트를 해 봐야 할 것 같다."와 같은 폭발적인 반응이 나타났고, 그 인기를 이어 2019년에는 충주시 홍보 유튜브 채널이 개설되기도 했다. 해당 유튜브 채널은 월 61만 원의 예산으로 구독자 수가 충주시 인구의 네 배가 넘는

80만 명(25년 3월 기준)을 돌파했다. 일반적으로 지자체나 공공 기관의 유튜브 구독자가 1,000명 이하인 것과 비교할 때 이례적이라고도 할 수 있으며, 충주시 유튜브 채널의 성공 이후에는 지자체와 공공 기관에서 소셜 미디어를 통해 최근 유행하는 밈들을 활용한 홍보 열풍이 불고 있다. 공공 기관 홍보 장르의 형식이 충주시의 사례를 전후로 변화한 것이다.

앞서 장르를 잘 '하기' 위해서는 장르에 대한 인식을 가져야 한다고 했는데, 사회에서 통용되는 장르를 인식하고 여기에 적응하는 것도 중요하지만 이러한 장르에 창조적이고 능동적으로 대응하는 능력 또한 장르와 관련하여 필수적이다. 장르는 끊임없이 변화하는 생성성을 그 본질로 삼고 있기 때문이다. 특정한 어떤 장르는 현 시점에서 특정한 사회적 행위를 수행하는 데 최적화되어 있지만, 그렇다는 것은 고착화되어 변화가 필요한 상태임을 의미하기도 한다.[12] 마치 가까운 친구가 나에 대해 "너는 참 잘 웃는 사람이구나."라고 규정하는 순간, 앞으로 잘 웃는 모습만을 보여 주어야겠다고 결심하는 대신 "아닌데, 울기도 하고 화도 잘 내는데." 하고 나의 다른 측면을 드러내 보이게 되듯이. 장르 또한 정의되는 순간, 변화해야 하는 운명에 놓인다.

생성형 인공 지능이 써 주는 글을 떠올려 보자. 주제와 장르를 입력하면 생성형 인공 지능은 해당 장르에서 가장 전형적이고 그럴듯한 글을 써 준다. 간혹 쓸 만한 글이 나오기는 하지만 '좋은 글'이라 하기에는 어려운 수준의 글이 대부분이다. 이는 가장 전형적인 글, 이전의 내용과 형식을 답습하기만 하는 글, 아류亞流에 불과한 글은 '좋은 글'이 되기 어렵다는 것을 보여 주는 대표적인 사례라고 할 것이다. "장르는 오히려 낡은 형식이 새로운 형식에 의해 파괴되고 대치되는 투쟁 과정"[13]으로도 볼 수 있기 때문이다. 따라서 장르에 대해 인식하고, 그러한 장르를 넘어설 때, 우리는 좋은 장르 사용자가 될 수 있다.

👖 장르 사용의 주체 되기

앞선 내용을 통해 우리는 반복되는 유사한 상황들에서 공동체 구성원들의 언어적 반응이 유사하게 실행되며, 이를 장르라고 부른다는 것, 장르가 일종의 사회적 약속으로서 표현의 틀이자 이해의 통로로 작동한다는 것을 알았다. 나아가 장르란 텍스트나 담화 그 자체가 아니라 이를 둘러싼 맥락을 포함하는 개념이기 때문에 결과론적 산물이 아니라 역동적이고 사회적인 행위 과정으로 장르를 바라보아야 한다는 것, 장르가 고정된 것이 아니라 끊임없이 변화하며 진화하고 있다는 것까지도 알게 되었다.

이런 관점에서 볼 때 장르를 잘하는 사람은 전형화된 수

사적 행위에 최대한 익숙해진 사람이 아니라, 새로운 상황 맥락에 민감하게 반응하면서 자신만의 장르를 만들어 내는 사람이다. 장르를 잘하는 사람은 TV 뉴스의 앵커가 "향후 통화 정책은 손질이 불가피할 전망입니다."라고 말하는 것을 보며 뉴스 장르에서 '전망하다'라는 표현이 있음에도 불구하고 비문非文으로 여겨질 수 있는 '전망이다'를 선택했는지를 궁금해하는 사람이다. 장르를 잘하는 사람은 사내社內 공지 글이나 메신저 장르를 쓸 때 핵심 내용을 중심으로 간결하게 표현하다가도, 딱딱한 사내 분위기를 부드럽게 만들기 위해 시 한 편이나 재미있는 '짤'(인터넷상에 올려진 사진이나 그림 따위)을 말미에 첨부하는 것을 '주체적으로 선택'하는 사람이다. 장르를 잘하는 사람은 다양한 상황에서 기존에 주어진 형식을 창조적으로 누리면서 가장 적합한 형식을 찾아내고 그 외연을 확장하며 장르를 실천하는 사람이다.

따라서 모범문을 따라 쓰거나 장르의 특성을 항목화하여 암기하는 것만으로는 장르를 잘하는 사람이 되기 어렵다. 같은 물에 발을 두 번 담글 수 없듯이, 매번 그러한 장르를 사용하는 맥락이 달라지기 때문이다. 이를 위해서는 장르의 변화와 맥락을 메타적으로 살피고, 장르에 따라 달라지는 언어적 선택에 민감하게 반응하고 주체적으로 선택하며, '어떻게 표현(이해)해야 하는가'만큼이나 '왜 그렇게 표현(이해)해야 하는가' 하는 비판적이고 성찰적인 질문을 던지는 연습이 필요하다. 그리고 무엇보다, 백 개의 맥락이 있다면 거기에는 언제나 백 개의 장르가 탄생할 수 있는 가능성이 존재한다는 것, 장르를 이해하고, 향유하고, 해체하고, 재구성하고, 창조하는 장르 사용의 주체는 바로 나 자신이라는 것을 기억해야 할 것이다.

주註

Class 1. 사용하기 전에

1 의좋은 형제 축제 안내 글 재구성, 한국관광공사. https://korean.visitkorea.or.kr/kfes/detail/fstvlDetail.do?fstvlCntntsId=3712e43b-1bd8-4deb-b4da-86fb6832ed3e&cntntsNm=%EC%9D%98%EC%A2%8B%EC%9D%80%ED%98%95%EC%A0%9C%EC%B6%95%EC%A0%9C
2 김혼비·박태하(2021), 『전국축제자랑』, 민음사, 15~31쪽.
3 〈에브리씽 에브리웨어 올 앳 원스〉, 『위키백과』. https://ko.wikipedia.org/wiki/%EC%97%90%EB%B8%8C%EB%A6%AC%EC%94%BD_%EC%97%90%EB%B8%8C%EB%A6%AC%EC%9B%A8%EC%96%B4_%EC%98%AC_%EC%95%B3_%EC%9B%90%EC%8A%A4
4 「'헷갈리는 우회전' 경찰에게 직접 듣는다…사례별 정리」, 『JTBC 뉴스룸』, 2023. 4. 30. https://n.news.naver.com/article/437/0000341248
5 강효경(2019), 「설득 목적 글쓰기의 양태 표현 교육 연구」, 서울대학교 박사 학위 논문, 255~256쪽.
6 강효경(2019), 위의 논문, 249쪽.
7 강효경·주세형(2022), 「논증 능력 발달을 위한 언어적 교육 내용 탐색 ― 대학생 쓰기 자료에서 주어 '나' 실현 양상으로 본 '주관의 객관화' 관찰을 기반으로」, 『작문연구』 52, 한국작문학회, 173쪽.
8 김승중(2017), 『한국인이 캐낸 그리스 문명』, 통나무.
9 서울대학교 국어교육연구소(1999), 『국어교육학 사전』, 대교출판, 655쪽.

10 아니스 바와시, 메리 요 레이프 지음, 정희모·김성숙·김미란 외 옮김(2015), 『장르: 역사·이론·연구·교육』, 경진출판, 7쪽.
11 권순희·김경주·송지언·이영호·이윤빈·이정찬·주재우·변경가(2023), 『작문교육론』, 사회평론아카데미, 75쪽.
12 주자나 파르치 지음, 홍은정 옮김(2012), 『현대미술에 관한 101가지 질문』, 경당, 67~68쪽.

Class 2. 장르의 작동 방식

1 주세형(2007), 「텍스트 속 문장 쓰기와 문법」, 『한국초등국어교육』 34, 한국초등국어교육학회, 430쪽.
2 박완서(1994), 「엄마의 말뚝 1」, 『엄마의 말뚝 - 박완서 소설전집 7』, 세계사, 11쪽.
3 Martin(2015), "One of Three Traditions: Genre, Functional Linguistics, and the "Sydney School"", In Artemeva & Freedman (Eds.), *Genre Studies around the Globe: Beyond the Three Traditions*, Inkshed Publications.
4 주세형(2016), 「〈언어와 매체〉 교재 구성의 원리 -문법 영역에서의 통합 원리 탐색을 중심으로-」, 『문법교육』 28, 한국문법교육학회, 257~258쪽.
5 「"명징하게 직조해낸…" '기생충' 한줄평이 몰고 온 논란」, 『매일경제』, 2019. 6. 4.
6 「대학 내 조각품 고철로 오인 고물상에 팔아」, 『중앙일보』, 1995. 5. 14.
7 장덕순 외(1983), 『구비문학개설』, 일조각, 173쪽.
8 조동일(1997), 『카타르시스 라사 신명풀이』, 지식산업사.
9 장덕순 외(1983), 『구비문학개설』, 일조각; 임재해(1999), 「구비문학의 연행론, 그 문학적 생산과 수용의 역동성」, 한국구비문학회 편, 『구비문학의 연행자와 연행양상』, 박이정.
10 박노준(1991), 『향가』, 열화당, 55쪽.
11 김흥규(1986), 『한국문학의 이해』, 민음사.
12 김병국(1995), 「시조 발생의 문학사적 의의」, 『한국 고전문학의 비평적 이해』, 서울대학교출판부.

13   신재홍(2017), 「10구체 향가와 〈님의 침묵〉, 〈서시〉의 비교 고찰」, 『한국시가문화연구』 39, 한국시가문화학회.

Class 3. 장르 사용 시 유의 사항

1   소상공인지원과, 「핫플 밤리단길에서 즐기는 쏠쏠한 재미, '보넷길마켓' 구경 오세요!」, 고양특례시 덕양구청 누리집, 2024. 9. 1. https://www.goyang.go.kr/dygu/user/bbs/BD_selectBbs.do?q_bbsCode=1030&q_bbscttSn=20240901094536445&q_currPage=1&q_pClCode=

2   피터 냅, 메건 왓킨스 지음, 주세형·김은성·남가영 옮김(2019), 『장르, 텍스트, 문법: 작문교육을 위한 테크놀로지로서의 문법』, 사회평론아카데미, 39쪽.

3   제민경(2013), 「텍스트의 장르성과 시간 표현 교육 -신문 텍스트에서 '-었었-'과 '-ㄴ 바 있-'의 선택을 중심으로-」, 『텍스트언어학』 34, 한국텍스트언어학회, 188~195쪽.

4   제민경(2013), 위의 논문, 197쪽.

5   남가영(2009), 「문법 지식의 응용화 방향 -신문텍스트에 나타난 '-(다)는 것이다' 구문의 의미기능을 중심으로-」, 『형태론』 11(2); 이관희(2010), 「문법으로 텍스트 읽기의 가능성 탐색: 신문 텍스트에 쓰인 '-도록 하-'와 '-게 하-'를 중심으로」, 『국어교육연구』 25, 서울대학교 국어교육연구소; 이관희(2012), 「문법으로 텍스트 읽기의 가능성 탐색(2) - 기사문에 쓰인 -기로 하-의 의미기능을 중심으로」, 『문법교육』 16, 한국문법교육학회.

6   윤여탁 외(2021), 『문학교육을 위한 현대시작품론』, 사회평론아카데미, 512쪽.

7   양승준 외(2004), 『한국현대시 500선 이해와 감상(하)』, 월인, 333쪽.

8   김경수(2023), 「한국 인터넷 밈의 계보학: 〈야인시대〉 밈 이미지에 대한 매체적 연구」, 연세대학교 대학원 석사 학위 논문, 83쪽.

9   충주시 홍보 포스터. 출처: 충주시 페이스북(www.facebook.com＞goodchungju)

10   「공무원도 도펑테스트?"...충주시 파격 포스터 화제」, 『뉴시스』, https://https://n.news.naver.com/mnews/article/003/0007423571

11   「"원 댓글 쓰리 옥수수" "이젠 털지 말고 잠수세요"... 충주시 '파격 홍보물' 인기」, 『조선일보』, https://www.chosun.com/site/data/html_dir/2018/08/08/20

18080802229.html?utm_source=naver&utm_medium=original&utm_campaign=news

12 아니스 바와시, 메리 요 레이프 지음, 정희모·김성숙·김미란 외 옮김(2015), 『장르: 역사·이론·연구·교육』, 경진출판, 133쪽.

13 클라이브 톰슨 지음, 윤효녕 옮김, 「바흐친의 장르 이론」, 여홍상 엮음(1997), 『바흐친과 문학 이론』, 문학과 지성사, 210쪽.

참고 문헌

단행본

권순희·김경주·송지언·이영호·이윤빈·이정찬·주재우·변경가(2023), 『작문교육론』, 사회평론아카데미.
김병국(1995), 『한국 고전문학의 비평적 이해』, 서울대학교출판부.
김승중(2017), 『한국인이 캐낸 그리스 문명』, 통나무.
김흥규(1986), 『한국문학의 이해』, 민음사.
박노준(1991), 『향가』, 열화당.
서울대학교 국어교육연구소(1999), 『국어교육학 사전』, 대교출판.
양승준 외(2004), 『한국현대시 500선 이해와 감상(하)』, 월인.
염은열 외(2019), 『문학교육을 위한 고전시가작품론』, 사회평론아카데미.
윤여탁 외(2021), 『문학교육을 위한 현대시작품론』, 사회평론아카데미.
장덕순 외(1983), 『구비문학개설』, 일조각.
조동일(1997), 『카타르시스 라사 신명풀이』, 지식산업사.
한국구비문학회 편(1999), 『구비문학의 연행자와 연행양상』, 박이정.
아니스 바와시, 메리 요 레이프 지음, 정희모·김성숙·김미란 외 역(2015), 『장르: 역사·이론·연구·교육』, 경진출판.
클라이브 톰슨 지음, 윤효녕 옮김, 여홍상 엮음(1997), 『바흐친과 문학 이론』, 문학과지성사.
피터 냅, 메건 왓킨스 지음, 주세형·김은성·남가영 옮김(2019), 『장르, 텍스트, 문법: 작문교육을 위한 테크놀로지로서의 문법』, 사회평론아카데미.
Bauman, Richard (1984), *Verbal Art as Performance*, Waveland Press.

Marin, J. R. & White, P. R. R. (2005), *The Language of Evaluation: Appraisal in English*, Palgrave Macmillan Ltd.

Partsch, Susanna (2005), *101 wichtigsten Fragen: Moderne Kunst*, München: C.H. Beck.

논문

강효경(2019), 「설득 목적 글쓰기의 양태 표현 교육 연구」, 서울대학교 박사 학위 논문.

강효경·주세형(2022), 「논증 능력 발달을 위한 언어적 교육 내용 탐색 – 대학생 쓰기 자료에서 주어 '나' 실현 양상으로 본 '주관의 객관화' 관찰을 기반으로-」, 『작문연구』 52, 한국작문학회, 161~205쪽.

남가영(2009), 「문법 지식의 응용화 방향 –신문텍스트에 나타난 '-(다)는 것이다' 구문의 의미기능을 중심으로-」, 『형태론』 11(2), 형태론학회, 313~334쪽.

신재홍(2017), 「10구체 향가와 〈님의 침묵〉, 〈서시〉의 비교 고찰」, 『한국시가문화연구』 39, 한국시가문화학회.

이관희(2010), 「문법으로 텍스트 읽기의 가능성 탐색: 신문 텍스트에 쓰인 '-도록 하-'와 '-게 하-'를 중심으로」, 『국어교육연구』 25, 서울대학교 국어교육연구소, 119~161쪽.

이관희(2012), 「문법으로 텍스트 읽기의 가능성 탐색 (2) – 기사문에 쓰인 -기로 하-의 의미기능을 중심으로」, 『문법교육』 16, 한국문법교육학회, 203~239쪽.

제민경(2013), 「텍스트의 장르성과 시간 표현 교육 –신문 텍스트에서 "-었었-"과 "-ㄴ 바 있-"의 선택을 중심으로-」, 『텍스트언어학』 34, 한국텍스트언어학회, 179~206쪽.

제민경(2015), 「장르 문법 교육 내용 연구」, 서울대학교 대학원 박사 학위 논문.

주세형(2007), 「텍스트 속 문장 쓰기와 문법」, 『한국초등국어교육』 34, 한국초등국어교육학회, 409~443쪽.

주세형(2016), 「〈언어와 매체〉 교재 구성의 원리 –문법 영역에서의 통합 원리 탐색을 중심으로-」, 『문법교육』 28, 한국문법교육학회, 237~286쪽.

Martin, J. R. (2015), "One of Three Traditions: Genre, Functional Linguistics, and the "Sydney School"", In N. Artemeva & A. Freedman (Eds.), *Genre Studies around the Globe: Beyond the Three Traditions*, Inkshed Publications.

Miller, Carolyn R. (1984), "Genre as Social Action", *Quarterly Journal of Speech* 70(2), National Communication Association, pp.151-167.